AF400391

3

Wir können koexistieren

Du spielst eine Rolle

Beispiele

4

- Propaganda I

- Demokratie, Kommunismus, Kapitalismus, Planwirtschaft, Besitz, Gesetze, Gleichheit

- Propaganda II

- Spiele, Brot und was ist Dir "Wurst-Käse-Szenario"?

- Scham, Jenseits, Unbekanntes, gute und schlechte Vielfalt

Methoden

- Die „kritische Masse"

- Das Urteil/Fazit

5

6

Passage

Wir können koexistieren

Einleitung

Es gibt Zeiten des Wandels und Zeiten des Stillstandes. Wir alle gehören mal zu denen, die Neues begrüßen, fördern und hervorbringen. Andere Male halten wir an Bestehendem fest oder holen Vergangenes aus den Archiven, den "Schubladen" der Erde oder machen es durch Teleskope sichtbar. Derzeit sind viele althergebrachte Werte in Schieflage geraten, scheinbar. Denn der Druck durch andere Gesellschaftsmodelle, mit denen "WIR" uns in Konkurrenz befinden, wächst. Die Ebenen der Konkurrenz sind vielfältig. Sie reichen von Ausbeutung der Natur, zu der Ausbeutung von Menschen, vielleicht bald zur Ausbeutung synthetischen Lebens oder von "K.I.". Auch die Methoden sind vielfältig. Sie reichen von Indoktrination von Kindern über Werbung zu Propaganda und sind nicht auf die Psyche beschränkt. Denn auch Folter, Sport und Krieg, sowie Wettbewerb in allen Arten der Arbeit gehören dazu. Die Konkurrenz um Rohstoffe ist dermaßen bestimmend, dass keiner der Beteiligten Staaten, vielleicht ist Bhutan der/die einzige

“SpielverderberIn”, aus der Partie aussteigen zu können glaubt. Oder sollen wir nur denken, es ginge nicht anders?!? Wie navigiert man in einer Realität, die sich stetig verändert? Die Antwort ist einfach: Man orientiert sich an dem eigenen Umfeld. So wie in einem Fisch- oder Vogelschwarm. Daher nennt man das Ganze dort Schwarm-Intelligenz. Wie navigiert man, wenn etwas (r-)evolutionär Neues Realität wird? Die Antwort: Man erlernt, im besten Fall, alle notwendigen Qualifikationen und prüft, wie gesagt im Idealfall, in Simulationen die Praxistauglichkeit des Erlernten. Da man eben zuvor nicht weiß, welche Qualifikation notwendig wird, muss man im Bereich der Dualismen und Dualitäten, des Zweifels und des Trivialen bis hin zu Wahn und Science Fiction aber auch im Bereich der Geschichte und Kriminalität zu allem Möglichen: “Ja!!!” sagen. Da gibt es keine Wahl. Nur Rollen, Nischen, Ruf, Narrative, Geschichten, Ideologien, … und nichts davon darf einen vom Weiterlernen abhalten. Der Wandel wird, wenn man außerhalb des “Tellerrandes” arbeitet, zur Konstante, daher benötigen zumindest einige Wenige eine Distanz, um das “Große Ganze” zu beurteilen. Eine “Meta-Ebene” (oder mehrere) kann hilfreich sein. Leider kann sie einen Menschen auch, von den weitaus meisten, entfremden. Wenn man außerhalb des “Tellerrandes”, im “schwerelosen Vakuum”, einsam seine Bahnen zieht, kann man alles überblicken, jedoch das Erlebte denen im Schwarm zu vermitteln, kann sich schwierig gestalten. Andererseits hat auch das Gutes an sich, so vermeidet man Panikreaktionen. Weil man als krank, gestört, irre, verrückt, dumm,… gilt, geraten nur gefestigte Charaktere aus dem direkten Umfeld auf den gleichen Trip.

Die Frage, wem das alles nutzt, kann zum Finden der AuslöserInnen führen. In der Kriminologie fragt man genau das: "Cui bono?"!!! Und dann sieht man, Kriege sind nicht nur an Ressourcen-Sicherung gebunden, nein, auch die Waffenindustrie will schließlich Waffen verkaufen. Regionen zu destabilisieren, kann Einflussnahme erleichtern. Anderer Einflussnahme kann man so auch verhindern. Und es kann begünstigen oder erschweren, dass da Staaten, Religionen allzu stark gegen die eigene Gruppe opponieren, gegen den, der zuerst kam, zusammenarbeiten,… Wenn zwei sich streiten, ist zudem oft eine dritte Partei für den Streitgrund mit verantwortlich. Hier kommt es teils zu kaum nachvollziehbaren Ränkespielen.

Was, wie erwähnt, bedauerlich ist, ist dass die Außenstehenden, ja die Außenwelt die Handlungen die man   vollführt, selten verstehen kann und wird, wenn man in der Meta-Ebene wahrnimmt und denkt. Man fühlt sich gar selbst für lange Zeit dumm oder fehl am Platze. Denn die Erklärungen für das eigene Handeln ergeben sich, in viel zu vielen Fällen, erst nach längerer Betrachtung und NACHDEM man die Verknüpfung zu einem Muster, einem SINN gebracht hat. Oft fühlen sich daher gerade die Klugen nicht so klug, weil sie nicht verstanden werden und vieles erklären müssen. Doch

9

dieses Erklären ist der rote Faden aus dem Komplex, dem Irrgarten, dem Knoten. Insgesamt sieht man, dass die SiegerInnen die Geschichte zu schreiben scheinen. Oder ist es nicht so, dass die, die die beste Geschichte schreiben zu SiegerInnen werden? Ist der Ruf einer Person oder Organisation nicht auch ein oft simplifiziertes oder verzerrtes Narrativ? Und ist nicht genau DAS ein "Frame", auf den man sich geeinigt hat? Was hat das mit Rollen und dem "eine oder keine Rolle spielen" zu tun? Ist nicht Glaubwürdigkeit und Qualität der Rolle entscheidend, der Glaube an die ProtagonistInnen, an sich selbst,…? Das Versprechen, zu siegen, besser zu sein, das "Heil" zu bringen, ist das nicht das Narrativ des 3.Reiches? Und was hat das nicht alles bewirkt! Ist also eine Person, die gut erzählen kann nicht (es sei denn, alles wird überwacht und damit kontrollierbar), sehr mächtig, zumindest potentiell? Nicht zu vernachlässigen sind die psychologischen Implikationen, der Schock oder das Trauma der Gewalt und Gräuel der Nazis. Und ihre, gerade technologischen Möglichkeiten, sowie die Disziplin, sind längst nicht verarbeitet! Da lauert ein Trauma. Das Narrativ des "Übermenschen" findet immer noch AnhängerInnen, gerade bei Menschen mit Minderwertigkeitsgefühlen und anderweitig Frustrierten. So saß die Angst vor derartigen Kriegen, bei den am zweiten Weltkrieg Beteiligten, irgendwann so tief, dass die technologische Entwicklung der Atombombe übermäßig verfolgt wurde. Mit guter Absicht: Um Krieg zu vermeiden und zu beenden, weil man die potentiellen GegnerInnen so von ihrer sicheren Niederlage überzeugen wollte, ging man einen Weg, der in gewisser Weise auch den eigenen Sieg verhindert hätte, wären die Waffen, in größerem Maßstab, eingesetzt worden. Die Waffe war weniger zum Einsatz da, als zur Drohung. Auch wurden Menschen durch Tests (auch Hiroschima und Nagasaki waren, wenn man es so will: Tests) zu Opfern. Land und Meer wurde verseucht und der Boden zerrüttet. Menschen wurden umgesiedelt. Der Gegner wurde dämonisiert, Dialog, Diskussion, Diskurs war und ist seitdem gestört. Frames, Ruf, Rolle, Funktion, "Gesicht", die Nische des Narrativ, der Glaube, die Glaubwürdigkeit,- all das war schlicht in Zweifel geraten. Es gab eine ungeheure Angst, da die technologischen Mittel nicht mehr nur Fortschritt zu bringen schienen, wie es seit der industriellen Revolution, ab einem ersten Schock durch Ausbeutungs-Exzesse, "versprochen" war. Nein, der Fortschritt zeigte seine eigenen Grenzen, durch den unerhörten und ungeheuren Machtzuwachs. Man musste jetzt vorsichtiger sein, ein "dritter Weltkrieg" konnte wirklich, durch das drücken ein paar weniger Knöpfe, "des roten Knopfes" ein sprichwörtliches Ende bringen. Echt! Man schaut bei all den Gefahren schnell auf die, nicht unwichtige Technik. Ob es Massenvernichtungswaffen seien, Techniken der Konkurrenz und Rohstoffgewinnung, Ausbeutungstechniken. Doch sind, wenn man das fortsetzt, gerade die Propaganda-Techniken, gerade des

Framing und der Selbstdarstellung von Einzelnen und Gruppen, das, was man forciert. Die "Massen" unter der eigenen Kontrolle zu halten oder/und sie zu versorgen (Brot) und abzulenken oder zu konfrontieren (Spiele), wird zu einem Motiv und das wird zur Motivation. Dieser Text soll die Konstruktion von Rollen, in der Folge "Charakter" oder, bei Organisationen wie Familie, Glaubensrichtung, Ideologien, Staat,… "Meta-Charakter" genannt, beleuchten. Im Licht sollen diese Strukturen auf ihre Konzepte hin untersucht werden. Es soll darum gehen, wie sie auch Kognitiv entstehen, sich entwickeln, beeinflussen und "verschleißen" oder enden. Das soll dann dahin führen, dass sich zunehmend Kompetenzen im Erkennen, Beeinflussen und Schaffen solcher Gebilde formen. Und dies auch gegen Widerstände, wie andere Phantastereien, gegen Einschränkungen wie Überwachung,… Denn mein Ziel soll sein, etwas frei zu legen, das bei alledem überdeckt wird: Eine Wahrheit über die Gesellschaft und alle Einzelnen. Nicht "das Ende der Geschichte", sondern ihr Neuanfang.

12

Der Frame

Der "Frame" ist ein Rahmen (Rahmen ist die relevante Übersetzung von "Frame" aus dem Englischen), der Themen absteckt und verbindet. Ein "Bedeutungs-Rahmen", der oft in Manipulation mündet. Mit einem Frame, der ein oder mehrere Begriffe verbinden kann, werden demnach Bedeutungen der Worte oder des Worten gekoppelt, um in eine Bestimmte Richtung verändert, gerichtet zu werden. Oder man ruft bereits installierte Frames auf, indem man die Worte nennt. Der Frame "Killer-Spiele" deutet, ohne wirklich einer objektiven, eindeutigen Wahrheit zu entsprechen, darauf hin, dass Videospiele Menschen zu Mördern machen können. Extremer: "Videospiele SIND der Einstieg in das Töten von Menschen",- DAS ist der Frame. Die geringe Wahrscheinlichkeit dieses Zusammenhanges wird zu Gunsten einer "Schlagzeile", geopfert. Der Frame "Afrika" umfasst, bei vielen sofort Bilder von hungernden Kindern, Brunnenbohrungen, staubtrockenen Böden,… Auch das ist, gerade in den letzten Jahrzehnten, nicht mehr ganz der Realität entsprechend.
Aber: "Frames" erleichtern die Kommunikation, leider auf Kosten der Genauigkeit. Immer erst den "Frame" auf den tatsächlichen Stand zu heben, bevor man dann die passende eigene Information platziert, diese Mühe machen sich wenige. Doch dadurch wird unser Denken und Handeln ineffizient bis schädlich.

Der "Frame" der "zufriedenen BürgerIn" schließt viel, viel Konsum ein. Erst, wenn man Produkt "x" und Dienstleistung "y" gekauft oder abonniert hat, kann man kurz durchschnaufen. Man bemüht sich, das Bild im Rahmen zu sein und kauft etwas, das dieses Bild annähern helfen soll. Bis Update "z", ein neues Produkt da ist, das,- bis man es hat, die Unzufriedenheit "erklärt", unter der man leidet. Man denkt, die dauerhafte Unzufriedenheit läge an noch nicht erworbenen Produkten und Dienstleistungen. Stattdessen sollte man mal, aus einer Distanz auf das eigene Leben und die eigene Gesellschaft schauen. Diesen Blick versuche ich hier zu erleichtern und auch zu ermöglichen.

14

Du spielst eine Rolle

Recht und Gerechtigkeit

Urteile, die auf Gerechtigkeit basieren sollen, sind quasi nur unter Einbeziehung aller Tatsachen möglich. Die Geschichte oder Historie einer Tat, irgend einer Art von Tat, in großem Rahmen ist zu erwägen. Justitia soll nicht blind bleiben. Denn die Verfolgung, Verurteilung und Bestrafung oder auch nur Therapie von "StraftäterInnen" ist häufig bloß nur Folge ungerechtem Gesetzes-"Rechts" und einer kranken Gesellschaft. In annähernd oder komplett 100% der Fälle sind nicht nur die "eindeutigen" Opfer, sondern auch die "TäterInnen" Opfer. Urteile degradieren TäterInnen und auch Opfer teils zu "Untermenschen". Die "glorifizierten" RichterInnen, ParlamentarierInnen, SoldatInnen, PolizistInnen,… bleiben institutionell Idole. Idole mit mehr als kleinen Makeln. Das soll nicht heißen, dass nicht Polizei, Justiz, Militär,… auch sinnvolles zur Gesellschaft und ihrer Perspektiven beitragen können. Es soll nur bedeuten, das die Rehabilitation oder Therapie von StraftäterInnen diese, im besten hier mögliche Fall, nur in eine kranke Gesellschaft re-integrieren wird, jedoch die Krankheit der Gesellschaft bestehen lässt. Und das, weil so viele von deren Bestehen, dem Bestehen der derzeitigen Strukturen, abhängig sind. Dummerweise bilden sich Kriminelle so, gerade auch in Gefängnissen, fort. In eine eigentlich nicht wünschenswerte Richtung.

Wir könnten hier unzufrieden mit der "Demokratie", dem "Recht" sein, weil beides so nicht existiert,- oder nur in geringem Maße.

Rollen sind auch "Arbeits-Aufträge", gerade Berufe wirken so. Wer die Arbeit aber ganz erledigt, droht arbeitslos und ohne gesellschaftliche Identität da zu stehen. So lässt man Krankheit und Arbeit bestehen, um eine Beschäftigung zu haben, von der man leben kann, bis die Natur das Material für die Arbeit und Versorgung der Krankheit nicht mehr bereit stellen kann. Der Vorteil, den man hier bewahrt, ist: So lange die Probleme bestehen und sich Leute damit auskennen, können die Probleme und der Umgang damit gelehrt und gelernt werden.

Das Denken

Der Mensch hat, aus der Not heraus, das Denken kultiviert. Denken ist, quasi immer, mit zu lösenden Problemen verbunden und führt zu Werkzeugentwicklung und Waffenentwicklung. Angst an die Bevölkerung zu tragen ist daher ein "Gebot" der Stunde, da gerade Angst zum Denken motiviert. DAS bindet die Ängstlichen und sichert Wohlstand oder Widerstand. Jedoch sind die Werkzeuge und Waffen aus Rohstoffen hergestellt UND der Nachschub an Rohstoffen ist teils begrenzt und zerstört fast immer Natur. Die einen starten aus Angst heraus Kriege, die anderen stiften Frieden, wiederum ist dann die Motivation: Angst. Denken ist, Folge von Angst oder Problemen. Wer keine Sorgen hat, denkt wenig und fühlt eher. Doch gerade das "Wohl-Fühlen" soll an Produkte und die Notwendigkeit, dafür zu arbeiten, gekoppelt werden.

Starke Menschen sind nicht immer "fit", manchmal mussten sie stark werden, um nicht unter zu gehen, daher ist ein großer Teil der klug wirkenden und körperlich tüchtigen eigentlich nur schlecht, unzulänglich angepasst gewesen und hat sich bloß, durch Training, anpassen müssen. Teils lernen und stärken wir uns demnach nur aus, ihr ahnt es: Angst. Es ist zu schauen, dass das System von diesem Trip herunter kommt. DENN die erzeugten Traumata machen uns steuerbar und beuten uns aus, körperlich wie geistig UND die gewonnene Stärke wird, von Mann, Frau, anderen Diversen, Staat, Glaube,.. Genutzt, um Anderen Angst zu machen. Die resultierenden Konflikte erzeugen Traumata,… etc., etc.

Die Ursache

Es ist zu überlegen, ob historisch rekonstruierbar ist, wie es dazu kommt und kam. Dazu gehört die Frage, ob das dann zu brauchbaren Resultaten führt, diese Grundlage voraus zu setzen. Möglicherweise kann ein kompletter Neuanfang, im Bereich Geschichten, notwendig werden oder "Geschichte" als Konzept, so wie es angewandt wurde, verworfen werden.

Die Parameter von Geschichte, Vergessen, Verdrängung, Stilisierung, Idealisierung, Denken, Lüge, Wahrheit, Daten, Kontrolle, Überwachung, Vertrauen, scheinbarer oder wirklicher Logik und den Konsequenzen daraus, soll hier betrachtet werden. Ob von Seiten psychologischer Zwänge des Egos oder der Kultur und Gruppe, bis hin zu der Frage, ob das, was wir uns einbilden zu sein, nicht historisch mit der "Sesshaftwerdung" konkret erschaffen wurde. Man überlege, ob nicht Privatbesitz als psychische und "halb-physische Realität" das Reglementieren und Einbilden (Bilden!!!) von inneren, technischen und rechtlichen Konstrukten notwendig machte. Samt Vererbung von Rechten und Besitz und Ideen und der Verfolgung, Ausbeutung, Bestrafung,… von Leuten, die zu den VerliererInnen gemacht wurden. Ist nicht die derzeitige Konflikt-Situation und auch die Ausbeutung der Natur Konsequenz des Unrechts der Ge-Setze? Wie ist, in der Folge, die Ursache noch zu beheben? Muss man bestimmte Gedanken ächten? Wie sinnvoll ist die Rekonstruktion von Tathergängen, wenn die Richter TäterInnen, sowie Opfer durch ihre, irgendwie eingebildete Macht, erst erzeugen und nicht wirklich wissen, was sie tun. Will man es so, ist begründbar, dass wir eine "Gesellschaft der TäterInnen" sind und das hat zu Enden,. Dass wir quasi alle, im gleiche Moment "Opfer" sind, macht die Lage noch verzwickter. Vielleicht wäre ein "Reset" ein "auf Null stellen",… eine mögliche Handlungsweise. Vielleicht kann eine Art von Neubeginn zu mehr Gleichheit, in einem wirklichen Recht, in guter Gesellschaft, führen. Feldversuche in diesem Bereich wären gewagt und vielversprechend.

Irreführung

Hat ein Fußballspieler oder eine Fußballspielerin oder ein Fußballdiverses Anerkennung für ein herausragendes Tor verdient? Gewiss, aber damit sind viele schon auf ein Narr-ativ oder Närrinnen-ativ hereingefallen. Die Unterdrückung wird ,mittels Spielen und Ablenkung, erleichtert. Die Leute sind durch das Kapitalismus-Narrativ, durch den Wettbewerb, der dem sportlichen Wettbewerb nicht zufällig ähnelt, erschöpft aber auch teils "fit".
Das System unterdrückt bestimmte Themen oder, wie in manchen Regionen, einen oder mehrere Themenbereiche. Beliebt sind Politik und Religion, beliebt unter den sanktionierten Denkbereichen, man kann auch "Feldern" sagen. Diese "Felder" sind ebenfalls wieder auch territorial zu sehen, denn nur bestimmte Leute besitzen das Wissen und noch weniger den Intellekt, hier zu säen

und zu ernten. Und hier mitzureden, wird zunehmend elitär. Nicht JedeR darf am Diskurs teilnehmen. Was wiederum zur Elitenbildung beiträgt. Doch es wirkt sich aus, wenn nicht alle gleichermaßen bestimmen, was die Spiel-Regeln in einer Gesellschaft sind. Gerade Einzelne und Minderheiten werden unterdrückt und instrumentalisiert. In letzter Zeit waren das beispielsweise die "Fridays for future-Bewegung" und die "LGBTQIA+ Gruppierung". Insbesondere nach der Unterdrückung durch die abrahamitischen Religionen ist letztere Gruppe, teils zu Recht, aktiv. Mit der "Dummheit der Massen" oder der "Dummheit" generell ist das nicht erklärt. Die Menschen wissen nämlich oft, dass sie nicht alles wissen, wieso können sie anders handeln? Wer gibt ihnen falsche Antworten, die zu Fehlverhalten animieren?

Die Methode mancher Regierungen ist es bei beiden Beispielgruppen, fff und LGBTQIA+, die Gegner dieser Gruppen zu schwächen, die Rechtfertigung (hier wird ein sogenanntes "Recht" konstruiert) und das Recht dieser Gruppen in den Vordergrund zu schieben, dadurch Missmut bei Konservativen zu generieren, Traditionen in Frage zu stellen und mit dieser Stärkung die Ziele der kleinen Gruppen anzunähern, während die Elite "Huckepack" die eigene Agenda, teils gegen die Mehrheit, verfolgt. Das schadet meist erst mal allen außer den StrippenzieherInnen. Denn die VertreterInnen dieser Agenda sind teils geschützt, weil sie zu einer kleinen Gruppe gehören oder besagte Minderheiten, als Schild, vorschicken. Und: Weil sie abschnittsweise ein wirkliches Recht vertreten, weil die "Unschuldigen" oft weniger Schuld auf sich laden, da sie manche Themen betreffend eher richtig liegen und teils nicht mündig sind, da sie verunsichert sind und dadurch Fehler machen dürfen. Sind aber auch hier, neben den normalen Verwerfungen von Glaube, Politik, Wirtschaft, Gewalt (Militär, Polizei, Mafia, Machos und Machas,…) die Diskurse behindert, kommt es zwar zu vorübergehender Stabilität, was aber mit Stillstand gleichzusetzen sein wird. Und, wenn sich doch etwas ändert, dann auf Kosten der Mehrheit. Auch, wenn diese Veränderung nur manche Bereiche und Personen oder Gruppen betrifft. Dann staut sich, durch den Stillstand oder Wandel, Unrecht an. Das führt zu Frustration, sowie zur wachsenden Notwendigkeit von Reformen. Wer nicht mitmacht oder nicht mitmachen kann, entwickelt Frust, und der führt schnell zu Aggression und diese zu Äußerungen von Gewalt. Diese wiederum wird dann gelenkt, wodurch der Teufelskreis von vorne beginnt. GewinnerInnen sind die, die vorher und hinterher entscheiden, also die MachthaberInnen. Weitere Gewinner sind die Werkzeug- und Waffenhersteller. So werden die Massen durch instrumentalisierte Minderheiten gesteuert und besteuert, bis sie bescheuert sind ;) . Der/die/das "Dritte" "freut" sich über die Streitenden und den Streit, hat er/sie/es ja "zufällig" Waffen und Werkzeuge zu bieten und zu verkaufen, die den Kampf zu Profit und Machtgewinn umsetzen, zumindest für ein paar HändlerInnen. Bei all diesen zunehmend dysfunktionalen Bereichen der Gesellschaft wird sichtbar, dass "Realpolitik" zunehmend utopischer wird.

Entwurzelt

Die bedeutendsten Ressourcen liegen an der Basis von "Maslows Bedürfnis-Pyramide", die Armen Leute haben weniger Zugriff auf höher angesiedelte Bereiche, besitzen aber auch Land und Kenntnisse im Nahrungs-Anbau, Häuserbau,... teils werden aus geringen Rohstoffen, gar Müll, Unterkünfte bis Spielzeug erstellt. Wenn aber Armut künstlich generiert wird, geschieht das auch mit der Generierung von Reichtum. Der Unterschied ist künstlich. In der Welt gibt es jedoch auch ein grundlegendes "Gefühl" für Recht und Unrecht. Dieses Gefühl strebt nach Ausgleich. Da das System stark materiell (lat. Mater= dt. Mutter, verwandt mit Matrix und Matrizen) ist, holen sich die Benachteiligten ihr "Recht" bei Schwächeren, ihrer Umwelt,... und das ist dann schnell das Verhalten, das die MächtigInnen "kriminell" nennen und "Raubbau". DIES ist die Wurzel weiter Teile der Umweltzerstörung, der Eroberung anderer Regionen, der Überfischung der Meere (wo es noch fraglich ist, ob man Tiere töten sollte. Oder ob man sie quälen darf und mit Medikamenten zur Mast und gegen Krankheiten füttern/spritzen,… und einsperren und deportieren und andere Tierprodukte zu essen,…), der Ausbeutung, der Konflikte zwischen Menschen generell. Arbeit leisten Menschen teils für reichere Individuen und Gruppen, WEIL die Gruppen und Individuen reicher sind UND das macht diese Gruppen und Individuen reicher,… Klar, dass SOLCHE Arbeit, die für die Elite, "legal" ist. Klar auch, dass die bloße Existenz bei Erwachsenen schon besteuert wird und so ein Druck zum Geld verdienen erzeugt wird, zur Teilnahme am Staat. Wenn Leute Regeln in diesem "Spiel" machen können, machen sie diese schnell zu den eigenen Gunsten.

Ein Mittel der "Entwurzelung", die Menschen zu Spielbällen macht: Man suggeriert, dass nicht die Grundbedürfnisse bedeutsam sind, dass nicht Nahrung, ein Dach über dem Kopf,… zu Zufriedenheit gehören. Nein, grenzenloser Konsum von Informationen über Politik, Stars, Wissenschaft, Genuss, Luxus,… die teils nicht viel mit der eigenen Lebens-Wirklichkeit zu tun hätten, sollen unzufrieden machen und Filme, PCs, Autos, Konzerte,… konsumieren lassen. Die schlechte, harte Arbeit bleibt für diejenigen übrig, die wegen der Arbeit und wegen des Konsums ewige KonsumentInnen bleiben und nie zu ProduzentInnen aufzusteigen drohen. Nein, man ist nicht verpflichtet immer höchste Qualität zu liefern, es geht teils nur darum, sich mit sich und der Welt auseinander zu setzen und etwas zu lernen oder einfach mehr zu tun, als man mindestens müsste. Das RichterInnen und

AnwältInnen nach einem Fehlurteil, das einen angeblichen Täter/eine angebliche TäterIn zu einem Gefängnisaufenthalt verdammte, nicht für Freiheitsberaubung in Haft kommen, ist selbstverständlich eine Ungleichbehandlung, wenn man von wirklicher Gleichheit und Gerechtigkeit ausgeht. Aber das Grundgesetz macht schließlich nur auf "Gleichheit vor dem Gesetz". Das führt dazu, dass "gleichermaßen Ungerecht" vorgegangen wird, denn die Gesetze sind nicht alle gerecht. Wie soll daraus ein funktionierendes System entstehen?

Deine Rolle

Was sind Rollen eigentlich anderes als temporäre Programmierungen, nahezu mathematische "Funktionen"? Der Mensch kann, wohl dank der Spiegel-Neuronen, die Erlebniswelt anderer Menschen aber auch fiktiver Gestalten oder wahrscheinlich auch von Tieren "spiegeln", reflektieren, annehmen und daraus lernen. Auch gänzlich Neues kann so "abgeleitet" werden, teils ohne entsprechende eigene Erfahrung, Entwicklungen werden auch, theoretisch, berechenbar und vorhersagbar. Manche Menschen fühlen sich, gerade in der Arbeitswelt, aber auch in Beziehungen oder der Familie, Mafia, Gang, dem Verein, der Kirche,… wie Automaten, Roboter (aus dem Polnischen für: "Arbeiter"). Das kommt demnach nicht von ungefähr. Wir sind in der "modernen" Welt nämlich vielen Modi und der Mode unterworfen. Die Welt ändert sich, teils stark durch uns und wir ändern die Welt. Das Prinzip dahinter kennen manche als "Auslese". Oder wieso denkt ihr, kommt es zu Evolution? Die Natur regiert uns und mit uns und durch uns und wir regieren unsere Umwelt, die Natur, und das wird immer intensiver. Auslese findet auch durch mögliche Partner statt und Evolution vererbt auch Erfahrungen, leider auch (teils notwendigerweise) Traumata, von Eltern zu Kind. Da finden dann, automatisch Veränderungen statt: Man will vom einen weg und zum anderen hin. Meist von der Angst weg und zur Befriedigung hin.

JedeR arbeitet mit UND gegen jedeN. Währenddessen lernen wir, besser zu kooperieren UND besser zu konkurrieren. "Rüstungs-Wettlauf". Leute, die oft Introvertierte genannt werden, bemerken das und ziehen sich davor eher zurück. Extrovertierte nehmen es eher hin und werden zu "TäterInnen", die in anderer Leute "Sphäre" eindringen oder die Personen zu einem Verlassen ihrer "Komfortzone" auffordern. "Woke" oder ihr konservatives Gegenstück, die "red-pilled"-Leute bekommen es zunehmend, in Konkurrenz gegeneinander, miteinander hin, genau DAS aus zu formulieren. (Was ein Satz!) Die Welt ändert sich derzeit mit großem Tempo. Wandel muss auch die Antwort darauf sein, wenn wir "fit" bleiben wollen. Die restliche, lebendige Natur haben wir stark geschädigt, um sie in den "Griff" ("macht euch die

Erde Untertan") zu bekommen, von ihr zu lernen und sie auszubeuten. Dabei waren wir und sind wir sehr erfolgreich. Leider hat das auch Folgen, die nicht so dolle sind. Was machen wir mit den Folgen? Quasi sind wir erneut zum Lernen, das auch schmerzhaft sein dürfte, verurteilt. Doch vielleicht bekommen wir, durch den/die neuen "GegnerIn", die neuen "FeindInnen" die Konkurrenz, mit anderen Menschen etwas verringert. Drogenkonsum, Haustiere, Nachkommen, Spaß, Lernen, Karriere, Make-Up, Networken, Business, Marketing, "Werbung", ja, gerade "Werbung", vor allem im Bereich "Glaube" oder eher Religion, Konsum, Arbeit, FreundInnen, Dating, Online-Apps für Dating, Medien, Reisen, Spiele, Autos, Aktienhandel, Charity, Spenden, Almosen, Religion, Esoterik, Rätsel, Verschwörungen, Verschwörungstheorien, Dogmen, Ernährung, Sport, Regeln, Privilegien, Verbote, Strafen, Erziehung, Propaganda, "Komplexe", Abhängigkeiten, Ehre, Opfer und Opferbereitschaft, Bluffen, "Dummheit",… all das sind nur die Spitze des Eisberges der "Waffen", mittels derer wir stark gegeneinander "aufrüsten" aber auch Neues schaffen. Kein Wunder, dass es zu psychischen, physischen Krankheiten und Auseinandersetzungen kommt, wie auch Heilung. So werden auch Opfer auf dem Altar der Erkenntnis, die uns teils traumatisiert, zurückgelassen. Und je nachdem, in welchem Umfeld wir sozialisiert werden, welche Kostüme wir tragen, welche Kleidung, welches Make-Up, welchen Ruf wir erwerben, wie wir beurteilt werden, wen wir kennen, was wir meinen, was wir wissen, was wir schauspielern zu wissen, zu meinen,... sowie die aufgedeckten Lügen,... DAS sind unsere Rollen. Wir formen sie, sie formen uns. EinE ProfessorIn ist, teils auch nur eine MenschIn, der/die Zettel besitzt, die zeigen sollen, dass er/sie etwas bestimmtes "meint zu wissen". Diese Zettel, mit bunten Mustern und Buchstaben, Unterschriften und Stempelabdrücken, besagen, dass ein "Recht" vergeben wird. Um dadurch ein wahrscheinlicheres Überleben zu erfahren und der Gesellschaft, meist der eigenen, zu nutzen. Demnach ähnelt die Rolle hier einer "Nische", im "Ökosystem Gesellschaft", welches im "Ökosystem Terra" verortet ist. Die Ökonomie ist ein weiteres Beispiel für solche "Sub-Ökosysteme", ein Meta-Ökosystem Sol oder ein solches Meta-Meta-System Universum ist, in der Tat, nicht unmöglich zu denken. Auch im "Kleinen" sind Ökosysteme der Partikel, der Zeit, der Felder,... denkbar. Die Gegenstücke zu solchen Ordnungen sind die Entropie oder, als Extrem zu beidem: Das "Nichts". Eines muss klar sein: Du hast quasi IMMER die Wahl zwischen der kultürlichen und der natürlichen Rolle.

Die "red-pilled" Menschlein haben, da sie erprobte und existierende Konzepte vertreten, häufiger Recht. Ich gehe so weit, zu sagen, dass sie in zwei Dritteln der Fälle das Praktikable vertreten. Jedoch soll das nicht bedeuten, dass die 33% richtigen Ansichten der Progressiven vernachlässigt werden sollten. Eine Gesellschaft muss,

IMHO (meiner Meinung nach), immer die 100% Richtiges und damit Rechtes anzunähern bemüht sein. Und das, ohne eine Gruppe zu bevorteilen oder zu benachteiligen. Inhalte sind das, was zählt. DA ist es zu 90% egal, wer sie beiträgt. Nur, wenn solche Mechanismen pervertiert werden, wie durch eine Förderung von Versuchen an Menschen, um bestimmte Ziele zu erreichen, können dort dem Erkenntnisgewinn Grenzen gesetzt werden. Außerdem gilt: Was man sehen und erreichen will, glauben will, formt das Ergebnis der Wahrnehmung mit. Das ist eine, gemessen am Arbeiten, geringe Macht, verdient aber Erwähnung. DENN: Glaube ist eine Motivation UND jede Tat, jede Handlung, jeder Gedanke bewirkt etwas und kann in der Summe vom "Tropfen auf den heißen Stein" zum "Tropfen, der das Fass zum Überlaufen bringt" werden.

Motiv-ation

Nun, da ein Anfang gemacht wurde, der einen Spalt im "Firmament" öffnet, für ein wenig mehr "Licht", ist nur noch wichtig das Ziel zu beleuchten, das ich zu verfolgen vorschlage. Eine "Menschwerdung" für alle humanoiden, danach für alle Lebewesen in Reichweite, bis zur kompletten Belebung des Universums, klein, wie groß. "Menschwerdung" soll das beschreiben, was die EsoterikerInnen Erleuchtung nennen. Und das möglichst in zunehmenden "Frieden". Bis zum Ende oder bis in alle "Ewigkeit", und bestenfalls in maximaler "Freiheit" und "Nähe zum überhaupt Möglichen". Wähle Deine Rolle, feile daran, wechsle sie, lege sie ab. Dein Motiv kann Angst sein oder Lust. Die Perfektion ist immer da und wird nie erreicht? Finde Deine Freiheit, durch Möglichkeiten der Wahl. Dein Motiv lenkt Deine Motivation und kann sie steigern. Halte an dem Sinn fest, bis Du Dein Ziel erreichen kannst. Entscheide Dich dann für oder gegen das Erreichen des Ziels oder ziehe weiter. Denn eines ist bedeutsam: Beweglichkeit, Schwingungsfähigkeit der Psyche. Insgesamt ist eine Regel, so denke ich, hier gültig: "Gefahr erkannt, Gefahr gebannt!". Zu lernen ist: "Fehler" sind Teil unserer Natur. Wir machen oft gerade das falsch, was wir am liebsten nicht täten. Um neue Wege zu beschreiten, das Alte neu kennen zu lernen, und um das Bekannte zu prüfen. Die "flat earth society" könnte so ein Versuch sein. So wie einige Verschwörungstheorien, teils durch Zweifel an Politik und Wissenschaft florieren. Kleine Fehler sind hier besser als etwas falsch zu machen.

29

Angst UND Rolle

Das Milgram-Experiment oder das in dem Buch "die Welle" geschilderte Thema, knüpft an die gefährliche Kombination von Rolle mit einer entsprechenden Angst an.

Solche "Programmierungen", wie: "wir marschieren zum Kapitol" oder: "ein richtiger Mann macht dies oder das (nicht)" oder: "wenn Du "Gott" dienen willst, ziehst Du diesen Sprengstoffgürtel an und zündest ihn in einer Gruppe der "Ungläubigen"", kennen wir zumindest vom Prinzip her. Es gibt da vielfältige, mögliche Zwangsjacken in den jeweiligen Gruppierungen, ja, meist stecken hinter so etwas "Gruppenzwänge". Auch der drohende "Gesichtsverlust" im Zwist, Taiwan und China betreffend, ist ein Antrieb, denn Leute, die nicht ernst genommen zu werden drohen, ziehen "AasfresserInnen" und SchmarotzerInnen an. Der Ernst ist hier eine Form des Respekts, die den eigenen, potentiellen Wert, die Bedrohung und den Nutzen beschreiben kann. Die "Macht" vieler Frauen, in eher frauendominierten Gesellschaften liegt in der potentiellen Rufschädigung, die sie vornehmen können. "Männer" werden zum Schützen `"eingesetzt", doch sollen sie häufig nicht dem Reiz unterliegen und die Kontrolle behalten, einfach funktionieren. Hier finden Formen der Selektion statt. In eher männerdominierten Gesellschaften werden Frauen instrumentalisiert und zu "Besitz". Die "Macht", die einem Gruppen gewähren, können auch Schein sein oder eine psychologische Falle. Individuen, für sich, handeln selten so. In Anlehnung an ein Abraham Lincoln-Zitat kann ich sagen: "Wenn Du den Charakter eines Menschen sehen willst, nimm ihm seine Angst oder mach ihm viel, viel Angst!" Lust ist hier nur im Bereich Sexualität ähnlich problematisch, wo TriebtäterInnen "generiert" werden, doch auch dort kommen Rollenbilder und Angst (vor Versagen, Einsamkeit,…) mit zum Tragen. Nichts sinnvolles tun zu können, kann ein Handeln fördern, das nicht gut ist. So kann schädliches Tun und eine Steigerung des Wettbewerbs generiert werden. Doch es gibt auch die Fallen der Unterhaltung. Konzentriert euch, sobald ihr Zeit habt, auf Familie, Soziales, wenig Aufwändiges (was Ressourcenverbrauch angeht). Sobald etwas SINNVOLLES auftaucht, konzentriert euch darauf. Dies Buch soll helfen, derartiges zu erkennen.

31

Beispiele:

Glaube an GöttInnen und allmächtige Wesen (AWs).

Hier ist zu beachten, dass ich "nicht allmächtige Wesen", die sehr wohl die Realität mit-erschaffen, wie wir Menschen oder andere Lebewesen, Maschinen, Energien, … nicht hier hinein zähle. Auch wenn "Mensch" schnell Wesen, die Allmacht haben sollen, vermenschlicht, indem der Wesenheit menschliche Gefühle angedichtet werden, um sie einschätzen und vorhersagen zu können. Erdbeben sind dann schnell eine "Strafe", weil das Wesen "zornig" ist; statt die Tektonik als Ursache zu nehmen. Hier gehe ich demnach davon aus, dass die bloße Existenz einer Schöpfer-Wesenheit möglich ist oder einer Vielheit solcher. Doch gehe ich davon aus, dass die Religionen mindestens so gut wie immer oder eben gänzlich falsch liegen, sobald sie von einer oder mehrerer über "Allmacht" verfügender Entitäten/ einer solchen Entität, sprechen. Allmacht sei hier: Zu allem in der Lage sein, was die Bereiche Sein, Tun, Wissen, Denken,… betrifft. Demnach muss man nicht die bloße Existenz solcher Wesen widerlegen, denn die ist, wenn man so vorgeht, weder beweisbar, noch widerlegbar. Nein, ich werde mich bemühen, das, was Allmacht theoretisch ausmacht, als nur sehr, sehr unsinnig zu entlarven. Kurz: Ich widerlege teils

Allmacht, nicht die Existenz einer AW an sich, wenn auch eine minimale Chance besteht, dass ich irre. Auf die sollen sich die Gläubigen dann gerne stürzen und stützen. Ich werde auch diese Minimal-Bedingung, der Vollständigkeit halber, erörtern. Es gibt immer die mögliche Idee, ein oder mehrere allmächtige Wesen würden existieren. An die Gläubigen: Eure allmächtigen Vorbilder können ihren Willen auch ohne eure Morde, Diebereien, Betrügereien, Kriege, Waffen,… in ihrem Namen durchsetzen. Anzunehmen, ihr würdet ihren Willen realisieren, während ihr grundlegende Ethik verletzt, tz, tz,…! In diese Wesen vertrauen, könnte heißen, ihre Position zu respektieren, natürlich kann das zu unerwünschten oder erwünschten Ergebnissen für eure menschlichen FührerInnen führen. Selten sind Verbrechen, die ihr für ein AW begeht mal eher gut. Kommt aber auch vor. Vielleicht nutzen eure FührerInnen auch euren, vielleicht gut gemeinten Glauben dazu, euch zu kontrollieren. Indem sie euch sagen, was ihr Wille ist und euch das als den Willen der GöttInnen/GöttIn weis machen. Da können die Gläubigen sehr schlecht widersprechen, da so ihr "wahrer Glaube" geprüft wird.

Los geht es!

1. Kann es Nichts geben? Antwort: Es existiert durch seine "Nicht-Existenz" als "Nichts". Es ist demnach möglich, so lange es unmöglich ist. Daher kann ein

allmächtiges Wesen (AW), nur bedingt "nichts". Also kann ein solches Wesen nicht das Unmögliche, nur das Mögliche. Denn wenn ein AW das Unmögliche könnte, ginge das Unmögliche in den Bereich des Möglichen über. Das Mögliche kann aber so ziemlich jedeR. Das Unmögliche bliebe außerhalb des Möglichen, außer es existiert nicht, womit es aber auch nicht gekonnt werden könnte, außer es würde als solches erschaffen, etc. . Ein AW muss theoretisch nichts tun/sein, um allmächtig zu sein, nicht einmal allmächtig sein. Sein "Wille" ist hier unerheblich, denn es gibt logische Bedingungen für Allmacht, sowie für ihre Regeln. Diese Grenzen sind, oh Wunder, nur durch Allmacht, aufhebbar. Was das AW will, ist also nicht ausschlaggebend, es sei denn das Wesen wollte das. Aber wie hört sich das für euch an, wenn ein AW allmächtig sein kann, wenn es nicht allmächtig ist oder auch nicht existiert, -und DAS dann kann, weil es allmächtig ist? Klingt unlogisch, zumindest teils! Oder?! Und genau das sagen die Gläubigen manchmal, dass ihr AW über oder außerhalb der Logik steht. Demnach könnte seine Existenz unlogisch sein. Wenn es da war, ohne (wirklich) erschaffen worden zu sein, und das bevor es einen Ort, eine Zeit gab, wurde es vielleicht nie erschaffen und wenn es erschaffen wurde, dann an dem "einen Ort" vor jedem Ort: Nirgends. Und zu der "einen Zeit" vor der Zeit: Nie. Und wieso benötigt ausgerechnet alles eine Art Schöpferwesen, außer dem

Schöpferwesen selbst und seinen, vielleicht doch vorhandenen "SchöpferInnen", etc.???

2. Jetzt wird es etwas einfacher, außer für die Gläubigen: Wenn ein AW alles kann, dann muss im Bereich des Repertoires auch das "Lernen" sein. Kurz: Ein AW muss, um allmächtig zu sein, lernen können. Doch, was lernt man, als AW, wenn man alles kann und weiß?

3. Wenn ein AW existiert, kann es sich selbst vollständig besiegen. Ob es das will, spielt wieder keine Rolle, es ist eine Bedingung für Allmacht. Was auch immer an Wesen allmächtig sein will, muss dies können, UM allmächtig zu sein. Doch wenn es sich besiegen kann ODER wenn es sich nicht besiegen kann, ist hier eine Grenze in beiden Richtungen vorhanden.

4. Ein Teufel könnte nie gegen ein AW irgendeinen Erfolg haben, außer das AW will das. Quasi alles wird nur möglich, mit dem Willen und Einverständnis dieses AW. Daher, egal ob das AW "gut" oder "schlecht" oder "böse" ist, ist alles seine Verantwortung, auch, wenn es sie nicht wahrnehmen oder ausüben will. Prüfungen sind unnötig, da alles gewusst werden kann. Leid ist unnötig, da, ohne Einschränkungen der Freiheit, alles "gut" und zufrieden gestaltet werden kann. Perfektion wäre die Regel und, da sie perfekt wäre, auch nicht langweilig, außer die betroffenen wollten die Langeweile, um zufrieden zu sein.

35

Die Unmöglichkeit eines AW an sich, im Bereich der Religionen, erklärt dass ein "Gott" eine "Göttin" ein "Pantheon" einen Krieg verlieren kann, wenn dieses AW, diese AWs nur IDEEN der Gläubigen sind. "Nur" Ideen ist vielleicht falsch, denn im Namen der WesenheitEN werden Menschen in Rollen gesteckt, entfremdet, gequält, getötet, ausgenutzt, unterdrückt, vertrieben,… Ob das so im Sinne der ErfinderInnen war? Auch hier gibt es mannigfaltige Formen der Aufrüstung, die zu einer Art Wettbewerb werden. Wessen AW ist mächtiger, wessen Glaube zieht mehr Nachahmer an, wer vereint die fanatischste Armee, im Sinne der WesenheitEN? Auch die sogenannten "Naturkatastrophen" wären so erklärbar, wenn man dahinter KEIN AW annimmt und auch voraussetzt: Kein AW will Tausende töten der strafen, darunter vielleicht auch Babys oder Föten oder Tiere,… nein. Das Erdbeben oder Beben auf anderen Planeten sind keine Strafe, auch wenn sie so empfunden werden können. Sie sind Folge von Tektonik, Temperaturunterschieden, Meteoriteneinschlägen, Strahlung, Bomben, Bergbau,… Alles Themen aus dem Bereich Naturwissenschaften. WissenschaftlerInnen bestimmen nicht ÜBER diese Gesetze, sie bestimmen ihre Definition als Ideen, die die Welt etwas prognostizierbarer machen können. Gläubige sind oft die, die für Staat, Messias, Papst,.. Die Waffen dann aneinander ausprobieren.

5. Freiheit: Alles tun und sein können, was man will? Ist Freiheit nicht durch ein AW begrenzt? Wenn ein AW etwas will, das wir nicht wollen, müssen wir uns fügen. Will ein AW etwas, das wir wollen, müssen wir es tun, auch wenn letzteres nicht so schlimm wäre, wie etwas ungewolltes zu tun. Aber es wäre ein Druck, etwas, das wir wollen, wollen zu müssen. Das macht hier Freiheit sehr schwierig, außer ein AW wollte, das wäre leicht. Warum setzt ein AW, wenn wir mal das Christentum nehmen, nicht das "Gute" durch? Wieso vergibt es "Adam und Eva" nicht sofort oder macht ihre "Sünde" wieder gut oder rückgängig und zeigt ihnen, was sie lernen müssen? Wieso werden Menschen krank, wenn eh die HeilerInnen kommen werden? Ist das eine Art, Arbeit zu schaffen? Freiheit? Überall, wo hier "müssen" steht, ist etwas wenig Freiheit, finde ich. Warum überzeugt ein AW in der Bibel nicht die MissetäterInnen? Stattdessen Tausende Menschen zu töten, kann das so toll oder ein Ausdruck deren Freiheit sein? Ein allmächtiges Wesen könnte das Töten doch, ohne Aufwand, unnötig machen, nur mit Argumenten oder aus einer Idee heraus. Doch Argumente sind ja eine Einflussnahme, auch die Bedingungen für Paradies und Himmel oder Hölle, sind das nicht Vorschriften und damit schnell eine Einschränkung von Freiheit? "Du sollst nicht töten.", wieso hält sich das AW nicht, vielleicht um damit ein gutes Beispiel zu geben, selbst daran? Die ganze Angst, ist das vielleicht ein Konzept, um Menschen zu beherrschen oder befrauschen

oder zu bediversschen??? Das mit Angst (aus dem Lateinischen, ableitbar von "Angustus", was "Enge" bedeuten kann) Verbundene kann zu Macht oder Ohnmacht führen, ist jedoch quasi immer ein Druck. Allein die Notdurft verrichten zu müssen, Hunger haben zu müssen,… Die Unfreiheit, nicht willkürlich zu entscheiden, wann man atmen will, ob man essen will,… bin ich kleinlich?!?!? Was haben die Tiere und Pflanzen verbrochen, die nicht von Noah gerettet wurden? Haben allein die Meerestiere nicht gesündigt? Oder sind das einfach nur Geschichten, die dazu dienen, uns zu einem bestimmten Verhalten zu bewegen?

Die Menschen sind so strukturiert, dass sie "streben", ein AW müsste das nicht. Beim Menschen führt das Streben, wenn sie den Willen eines oder mehrerer AWs ergründen und tun wollen, quasi zuverlässig zu Opfern. Tieropfer, Pflanzenopfer, Menschenopfer, Freiheitsopfer, Vernunftopfer (Dummheit),… All das geschieht, um ein Wesen, das alles weiß und kann und daher auch weiß, was richtig ist, dazu zu bringen, Wünsche zu erfüllen oder dies wahrscheinlicher zu machen. Erklärt 'ne Menge, wenn man es so sieht, oder? Leider halten die Gläubigen mehr an der AW-Idee fest, je mehr sie in Frage gestellt wird. Und da häufig wiederholte Lügen irgendwann als Wahrheit angesehen werden können und die FührerInnen das wissen, lassen sie die Gläubigen die Texte, die sie denken sollen, wiederholen. Interessanterweise wiederholen die Gläubigen dieses auch schnell "freiwillig", da davon Gedanken ihnen ihre "Sicherheit" im Glauben nehmen. Sie beginnen mit Selbst-Indoktrination. Die Leute, die ihnen durch besser Funktionierendes ihre Selbsttäuschung offenbaren, sehen GläubigInnen schnell als Ketzer, Lügner, Sünder, Lästerer,… oder gar als KetzerInnen, LügnerInnen, SünderInnen, LästerInnen,… Ihre (Ver-)FührerInnen würden bei so etwas Bedeutsamen ja nie lügen!? Dass die FührerInnen die religiösen Texte freier Auslegen und das Wort der AWs erst Sinn ergibt, wenn man es, durch diese Auslegung anpasst, fällt solchen Leuten kaum auf, da sie an die Anpassung durch die FührerInnen gewöhnt wurden. Kann es sein, dass mehr funktionierende Regeln, wie Ethik, Psychologie, Mathematik, die Naturwissenschaften, … mehr SINN liefern könnten, den Menschen mehr Gewissheit und Macht vermitteln können? Weniger Macht zu haben kann nämlich zu Kompensation führen, zu Machtmissbrauch, zu Opfern. Ohnmacht ist für mich eine Art von Armut. Doch, wenn die Gläubigen die Logik beherrschen würden, wäre Vernunft der Antrieb und sie hätten mehr Macht gegen Missbrauch durch Leute, die Macht nur missbrauchen. Der Glaube vermittelt, mit samt den Wünschen, beispielsweise beim Beten, Meditieren, Ritualen, Gruppenereignissen, Mitläufer-Handlungen, Gruppendynamik,… die Illusion von Kontrolle. Natürlich ist da auch eine wirkliche Kontrolle, die der Glaubens-Ideen,- vermittelt über die FührerInnen, die mehr Macht erhalten können, durch Deutungen, die durchschnittlich selten verstanden werden. So nutzt man, wie in Armeen, teil unter Strafandrohung stehende widersinnige Anweisungen. Das geht, da die Leute glauben, sie müssten für die AWs etwas tun, etwas oder jemanden opfern, beten,… Ich persönlich wäre sehr freigiebig mit quasi oder wirklich allem, wenn ich allmächtig wäre, kostet mich ja, wenn ich will, nichts. Die Logik als Gegenkonzept hat auch einen Haken: Man muss sie befolgen und kann nicht irgendeinen egoistischen Unsinn machen, außer das wäre mal logisch. Die Atmosphäre im Glauben ist aber eher ein "Beobachtet und Beurteilt" werden. Und wenn die Leute bloß deswegen nicht "Töten wollen", weil es verboten ist, handeln sie nicht aus freiem Willen so und daher machen sie es weitaus seltener nicht, weil sie es wirklich nicht wollen so, sondern aus Angst oder dem Versprechen von einer Art Belohnung. Das steigert, zusammen mit auch finanzieller Armut, die Wahrscheinlichkeit, diese Gläubigen zu Mördern zu machen, wenn FührerInnen oder Inspirationen aus den, oft gewalt-durchsetzten Texten es ihnen zu "befehlen" scheinen. Dass sie Glauben und "gut" sein wollen, diese Gläubigen, wird dazu benutzt, sie gegen sich oder andere aufzuhetzen. In Armeen geschieht Vergleichbares. Dort werden Patriotismus, Heimatgefühle, scheinbare oder angebliche oder durch die Handlung der "Feinde" verletzte "Werte" (Werte, die teils nämlich für die angebliche Verteidigung der Werte geopfert werden) genutzt. Wie auch Angst gemacht werden kann, sowie oft unsinnige Befehle ausgeführt, um Staats- oder Ideologie-Gläubige in Konflikte zu schicken. Zuwiederhandlung wird auch hier meist mit Strafe belegt. Im Extremfall wird mögliche Kritik unterbunden, als unglaubwürdig erklärt, verfolgt, unverständlich gemacht, erschwert, umgedeutet, … Dazu dient Propaganda. Dazu komme ich in folgenden Kapiteln.

6. Opfer sind im Rahmen des Überlebens, dadurch bedingt, dass die Evolution nicht abgeschlossen ist, teils möglich. Doch Opferungen für AWs töten Tiere, vergießen Blut für Wesen, die Gewalt scheinbar gutheißen. So kam es zu Kriegen, Vertreibung, "Hexen-Verfolgung", Verfolgung "Andersgläubiger", Verfolgung fortschrittlicher WissenschaftlerInnen, Unterdrückung von Fakten. Wie können die Gläubigen diesen Weg gehen, obwohl sie dadurch teils Verbrechen begehen? In ihren Texten ist doch das Töten teils untersagt?! Antwort: Die Texte sind so schwammig formuliert, dass man fast alles hinein interpretieren kann. Auch neue, wissenschaftliche Erkenntnisse will mancheR in der Bibel finden. Leider immer NACH ihrer wissenschaftlichen Entdeckung. Zufall??? "Gottes Wort" (oder das Wort der Göttin oder der Götter) ist ja eigentlich ein Beweis für seine/ihre Existenz, daher ist Glaube an AWs hier durch das "Wissen" von der Existenz zu ersetzen. Ein Wissen, das die Gläubigen nicht anders beweisen können, als durch Handlungen im Namen des /der AWs, die zu deren

"Wille" erklärt werden. Für Außenstehende ist das schnell Unfug. Atheisten, die die religiösen Texte lesen, finden haufenweise Unsinn, Widersprüche und Fehler. Einfach mal auf Seiten der KritikerInnen nachsehen. Dass "Arm und Reich" als gesellschaftliche Gruppen existieren und Almosen gegeben werden sollen, zeigt manchen das Wirken von Allmächtigen und "Gut und Böse", jedoch sieht kaum jemand darin die Ursache, und damit die "Folgen der Sesshaftwerdung" und des Privatbesitz. Besser wäre ein System, wo quasi keine Armut oder gänzlich keine Armut besteht.

So lange die Überlebenden von Tsunamis, Erdbeben, Krieg, Feuer, Armut,… allmächtigen Wesen danken, weil sie ihr Beten zu diesen Wesen für ihre Rettung verantwortlich machen, während die vielen Toten nicht immer den Göttern zugeschrieben werden, pflanzt sich die Idee fort. Dass religiöse Texte für fast alles genutzt werden können, um Frieden ODER/UND Mord zu rechtfertigen, um Milde zu üben oder Frauen zu schädigen,…spricht schnell Bände. Bücher? Wozu Bücher, warum kennt nicht jedeR den wahren Glauben und jedes Wort der Texte? Wieso müssen die Bücher gedruckt, verbreitet, übersetzt, gedeutet, versandt, verkauft, verschenkt,… werden?! Weil es einfach normale Bücher sind, mit mehr oder weniger guten Inhalten. Spielt man mit uns oder interpretieren wir da Zusammenhänge in Geschehnisse, die nicht da sind?!

7. Sind die Inquisitoren nicht mehr zu fürchten als ihre Opfer, die sogenannten "Hexen"? Ergründet die Wissenschaft nicht derzeit "Gottes Wege"? Wieso wählen die Hungernden und Kriegsopfer,… nicht einfach das, was AWs ihnen anbieten, Glückseligkeit, Paradies oder einfach einen vollen Magen?! Oder sind die Probleme auf der Welt nicht einfach Folge ungerechter, ausbeuterischer Systeme? Siehe unten bei:

"Demokratie, Kommunismus, Kapitalismus, Planwirtschaft, Besitz, Gesetze, Gleichheit".

8. Die Idee, dass der "Teufel" hinter etwas Schlechtem steht, das ein AW trotz Allmacht nicht in den Griff bekommt, verhindert, dass ihr Gutes tut, um hier etwas zu verändern. Dass ihr einem "Gott" einer "Göttin" oder mehreren "Göttern" dann, nach einer verheerenden Tsunami für 500 Überlebende dankt, nachdem 300000 ertranken, ist recht merkwürdig!?! Beten kann beruhigen, ja! Deswegen nicht zu handeln, weil man beruhigt ist, ist fragwürdig, zumindest in meinen Augen. Dass es auch Gläubige gibt, die bei toten Kindern, Babys,… etc. Von "göttlicher Weisheit",… reden, ist schwierig.

9. "Gott" "wollte" Jesu Tod (laut Bibel), man kann niemand anderes dafür verantwortlich machen oder beschuldigen. Das ist nur ein Beispiel für eine widersprüchliche Interpretation mancher Leute. Da gibt es viele Ansätze, wie die "doppelte Schöpfung des

Menschen", einmal aus Lehm, dann aus Adams Rippe, andererseits "nach seinem ("Gottes") Bilde". Oder auch die "veganen Speiseregeln" und später das "Speiseregel Wirrwarr". Wie stehen die Speiseregeln dazu, dass die Tiere "scheinbar" nicht gequält, getötet und demnach auch nicht gegessen werden wollen? Dass die Bibel erst so spät geschrieben wurde, hat vielleicht (wenn man mal aus Sicht der Gläubigen kritisch ist) etwas viel Unrecht zugelassen. "Gottes Wort", wäre es früher erschienen, hätte viel besser wirken können. Aber leider isses wahrscheinlich nur ein normales Buch.

Propaganda I

So wie alles oder vieles zu Beeinflussung genutzt werden kann, gerade Medien als Formen der, teils konservierten Information (in-Formieren? In welche Form?), ist Propaganda potentiell machtvoll. Die Info, die, wie im ersten Beispiel erwähnt, durch häufige Wiederholung als Wahrheit angesehen werden kann, ohne wahr sein zu müssen, kann zu Illusionen und Fehlverhalten führen. Die Form, in die Gedanken gebracht werden sollen, gibt der "Frame" ("Frame" aus dem Englischen, zu übersetzen mit "Rahmen") schnell vor. Wörter werden umdefiniert ("finit" aus dem Lateinischen steckt hier drin, was mit "Grenzen" zu tun hat, den Grenzen, die die Bedeutung eines Wortes umgeben). Die Rolle eines Menschen, die

Nische,… kann eine Funktion sein aber auch eine Art von Rahmen, also ein Frame. Medien haben Begrenzungen, Bücher sind normalerweise endlich, Lieder auch,… Medien können in Medien Widerhall finden, die Grenze ihres Mediums durch Aufarbeitung in anderen Medien sprengen und neue Grenzen erhalten. Frames können Funktionen schaffen und verändern, sowie nehmen. Der persönliche Ruf, das "Gesicht" einer Person oder Gruppe, kann geschaffen, verstärkt, gemindert und zerstört werden. Das alles kann Propaganda, können Medien, kann der "Text", hier gemeint als die Information, die in Wort, Bild, Ton, Geschmack, Gefühl,… transportiert werden kann. Die Techniken zur Verbreitung und Multiplikation von Medien, zur Umgehung von Abwehrmechanismen sind enorm. Ein Schutz davor Falsches zu tun, kann Logik sein. Die Manipulationstechniken sind so verfeinert, dass viele Menschen bereits Opfer von Missinformation sind. Und sie glauben an den Wahrheitsgehalt des ihnen Gesagten, merken nicht, dass es austauschbar ist und nur weniges wahr. Propaganda verkauft den einen "Götter und/oder Göttinnen" den anderen "Demokratie", anderen "Sicherheit" oder auch einfach "Fortschritt", Autos und andere Waren, Dienstleistungen, PartnerInnen,…. Eine "schöne" Zukunft winkt uns, wenn wir dem folgen. Rollen sind mal mit Rechten verbunden, mit Möglichkeiten, und mit Pflichten. Wer aus der Rolle fällt, wird unglaubwürdig und manchmal vergessen bis entwertet. Wir versuchen oft, auch ich versuche das, unsere Weltsicht an andere weiter zu geben. Wenn andere nach-denken können, was wir vor-denken, ist das eine Bestätigung, teils der "Richtigkeit" unserer Ansichten. DAS gibt uns "Sicherheit", verunsichert aber schnell andere. Die Unsicherheit führt zu Verschwörungstheorien, "Schwurbeln",… aber genau das KANN Wahrheiten bergen. Daher sind vielfältige Meinungen, in Zeiten der Unsicherheit, auch immer mindestens teils sinnvoll. Leider machen sie oft ein gezieltes Handeln schwer, selbst wenn das Handeln notwendig sein sollte, aber das ist auch nicht immer so schlecht. Unglücklicherweise hat man so schnell Opfer, erzeugt Angst, es kommt zu "guten Vorsätzen" auf allen Seiten und dadurch gehen Einzelne oder Gruppen manchmal den "Weg in die Hölle". Ohne die dadurch generierten Opfer kam es bisher noch nie zu Verbesserungen, was aber anzustreben wäre: Verbesserung ohne Opfer. Die Verunsicherung, von Seiten der staatlichen Politik macht manche VerschwörungstheoretikerInnen unglaubwürdig, wenn sie zu viele und auch unglaubliche Theorien verfolgen und ansammeln. Letzteres zeigt die Angst der VerschwörungstheoretikerInnen, ersteres die Angst der Eliten. Es gibt also viel Angst, die der Staat verursacht und diese Angst befällt Menschen auch zunehmend mit voller Absicht, um die Bevölkerung in immer kleinere Gruppen oder gar in einzelne Individuen zu spalten.

Glaubensgruppen verschwören sich gegen alle anderen, in der Regel zumindest. Oft mit guten Absichten. Der Staat, die Religion, die Firma, die Mafia,… sie alle arbeiten auch für Ideale UND für ihre AnhängerInnen, beispielsweise den "Fortschritt". Leute denken, das sei gut, weil es sich schnell gut anfühlt. Soldaten opfern sich für den Reichtum der Bürger, wenn es um Konflikte mit anderen Staaten geht. Die Polizei verteidigt den Reichtum und die Macht der "Oberen" im Staat gegen "Arme", "Machtlose", "VerbrecherInnen",…

Propaganda der Staaten schildert die "Feinde" oder "Kriminellen" als "böse", gefährlich, feindselig, KetzerInnen (nicht demokratisch, nicht akzeptiert, nicht gläubig,…), dumm, dissozial,… Polizei und Armee macht aber nicht nur Sinnloses. Fragt euch mal: "Beten Gläubige, in durch Spenden und Steuern finanzierten Tempeln für Hungernde und Obdachlose, die mit besagtem Geld vor Hunger und Obdachlosigkeit bewahrt werden könnten?" Oder: "Was könnten die USA alles an Gutem tun, wenn sie die Hälfte ihrer Rüstungsausgaben für allgemeinen Wohlstand oder Klimaschutz ausgeben würden?"

47

Demokratie, Kommunismus, Kapitalismus, Planwirtschaft, Besitz, Gesetze, Gleichheit

"Die Demokratie muss verteidigt werden". Die "Schere zwischen Arm und Reich" muss geschlossen werden, die Ausbeutung muss aufhören, die Gerichte müssen unparteiisch urteilen, gleiches "Recht" und gleiche Chancen für alle.", DAS sind ein paar der Ideale und Regeln , die gerade der "Westen" angeblich vertritt. Unvorteilhaft ist, dass gegen solche "Menschenrechte" und diese "Ideale" gerade von den Regierungen verstoßen wird. Man "wählt" angeblich "demokratisch" und darf dagegen nichts unternehmen, weil man dann gegen die "Demokratie" wäre. Dass die Demokratie quasi nicht existiert und das "Label" nur dazu dient, Unrecht zu verteidigen, ist wenigen klar.

1. Wie "demokratisch" kann man wählen, wenn nicht bekannt ist, was auf der Welt wirklich geschieht? Geheimdienste und Politik "schützen" uns vor der Wahrheit??? Dann ist es doch schwerer, "richtig" zu wählen, oder?! UND: So schützen sie auch ihre Posten, denn man kann schwer bessere Politik machen, ohne zu wissen, was überhaupt los ist.

2. Wie demokratisch ist eine Wahl, wenn reiche und einflussreiche Menschen und Organisationen mehr Einfluss haben als andere Einzelne, beziehungsweise

gleichgroße "arme" Organisationen? Geht übrigens Demokratie oder Kommunismus nicht eigentlich nur dann, wenn alle möglichst gleichermaßen daran beteiligt sind, alle Menschen der Welt?!

3. Wenn nur die größte oder/und mächtigste Minderheit ihren Willen bekommt, kann man das demokratisch nennen? (Wenn 70% der BürgerInnen wählen gingen, davon 70% die spätere Regierung wählten, wären nur 49% der BürgerInnen vertreten.) Wenn die WählerInnen nicht wählen, welches Gesetz in welcher Formulierung umgesetzt wird, sondern PolitikerInnen und Parteien gewählt werden, die tendenziell "ihr eigenes Süppchen" kochen, was dann?! Wenn Wahlprogramme nicht gekannt werden, nicht zu 100% der Meinung jeder/jedes WählerIn entsprechen, die Gesellschaft spalten,… Leute, Leute!!!

4. Welches Gesetz hat einE WählerIn mit ihren, maximal 10 Kreuzen pro Jahr, wie beeinflusst? Wundere ich mich zu Unrecht???   :D

5. Wenn gewählt wurde, wird es als Unrecht angesehen, gegen die Gewählte Regierung vorzugehen. Man hat gewählt und soll sich dann einiges gefallen lassen, schließlich war die Wahl angeblich demokratisch. Teils soll, mittlerweile, auch Politik gegen den Willen der "WählerInnen" durchgesetzt werden. Gute "Vorsätze" allerorten.

6. Privatbesitz (aus dem Lateinischen von "privare", was meist mit "rauben" übersetzt werden müsste), ist ein "Motor" der Zivilisation und hat zu so Problemen wie einem Auseinanderdriften von "Arm und Reich" geführt, und zu Gesetzen, die den "Raub" der einen gegen "Diebe" schützen sollen. Viele Gesetze schützen die Reichen, Mächtigen, Privilegierten vor den Armen. Das frustriert manche so weit, dass sie zu Gewalt greifen. Die Sesshaftwerdung treibt die "sozial Schwächeren", was oft gleich zu setzen ist mit "weniger wohlhabenden" dazu, für die anderen zu arbeiten. "Gesetzes-Recht" verdrängt die Gerechtigkeit, die da sein sollte. Manchmal wird gar die Diskussion solcher Themen unterdrückt, was aber auch die UnterdrückerInnen weniger anpassungsfähig hinterlässt. Die starren, konservativen, nicht "fitten" Systeme kippen gerade in Krisen in Zustände des Unverständnis ihrer Bevölkerung und, im Extrem, in Chaos. Das Bisschen Demokratie, das da ist, schadet wahrscheinlich sogar, teils weil Wahlen geheim sind, teils, weil die Leute aus missverstandener Illusion enttäuscht sind und gar zur Gewalt greifen.

7. Gleichheit "vor dem Gesetz" ist gleichbedeutend mit "gleichem Unrecht für Alle", wenn die Gesetze ungerecht sind.

8. Die "radbruch'sche Formel" besagt auch, dass die Juristen wissen müssten, dass sie nicht Gerechtigkeit vertreten, sondern nur "Gesetzes-Recht", was teils mit Unrecht gleichgesetzt werden kann. Erst, wenn das "Gesetzes-Recht" zu unerträglichem Leid führt, soll hier Gerechtigkeit angestrebt werden. Huch! Denn Leid ist erst unerträglich, wenn es zu Toten führt.

9. Läuft es vielleicht wegen dieser Ungerechtigkeiten, die nicht "Recht" sein sollten, nicht richtig sind, so schief auf der Welt, dass zu dem Mittel: "Zuckerbrot und Peitsche", "Brot und Spiele", "Angst und Lust", "teile und Herrsche",… gegriffen wird.

10. Andere "Diebe", abgesehen von vielen PolitikerInnen, teilen des Finanzamtes,… arbeiten auch für ihre Einnahmen. Für das bloße Existieren in einem Staat, den man eventuell gar nicht will, Steuern zahlen? Dadurch gezwungen sein, einen Beruf, einen Job zu ergreifen? Wer ermächtigt eine Minderheit, die die "größte gewählte Gruppe" oder auch nur eine mächtige Minderheit darstellt, über Nichtwähler oder andere zu herrschen?

51

Propaganda II

Angst, Lust, Drogen, Arbeit (wenn Arbeit zu Rechten führt, zu Macht, zu Teilhabe, dann muss die Möglichkeit zu Arbeiten und Arbeit zu haben für alle gleichermaßen geboten werden.).
Frames triggern Angst und Unsicherheit, die in Angst münden kann. Frames zeichnen sich durch manipulierende und intransparente Wiederholung und Nutzung aus und werden selten klar als die Beeinflussung markiert, die sie sind. Selbst ihre NutzerInnen sind teils blinde Opfer ihrer Manipulationsversuche. Gerade Wiederholungen von Ideen, Sinnsprüchen, Gebeten,… setzen sich im Kopf aber auch im Körpergefühl fest. Das, zusammen mit der Tatsache, dass sich gerade Gläubige und "Glaubenswillige", also unsichere Leute, nach Regeln und Struktur sehnen, führt zu langen Texten mit vielen Ge- und Verboten, sowie zu Schutz-Räumen, aus denen Irritationen verdrängt werden. In Kirchen herrscht daher meist eine gewisse andächtige Stille und wenn es lauter wird, dann für "Gottesdienste" und Riten, die die Gläubigen binden, fesseln, einschwören, ihnen ihren Raum, ihr Vor- und "Hausrecht" deutlich machen,… Kirchen sind quasi stark Programmier-Maschinen. Kommen zusätzlich Drogen zum Einsatz, wenn auch in geringer, subtiler Menge, Wein, Weihrauch,… fallen, da Drogen auf unterschiedliche Weise Angst nehmen (meiner Ansicht nach macht nur Cannabis und Kaffee selbst das

Gegenteil, nämlich eine Art Angst, die gerade zum Denken anregt, neben einer Beruhigenden Wirkung beim Cannabis), Widerstände gegen Indoktrination. Und ja, Alkohol betäubt Angst, daher sind Betrunkene enthemmter, meist was soziale Angst angeht. Oder die latent aggressive Coolness von Rauchern, die auf reduzierte Angst zurück zu führen sein dürfte.

Sport, gerade im Gym, nimmt Angst, durch die eigene erhöhte Kraft und Stärke und dadurch kommt es zu mehr Körper- und Selbstbewusstsein, was teils missbraucht wird. Make-Up kann da ähnliches bewirken. Zu beachten ist hier, dass diese Arten der Aufrüstung in der Konkurrenz um "Reproduktion" also das Kinder-Zeugen, in vielen Fällen zu einem Wettstreit in diesem Gebiet führen können. Bis hin zu regelrechten Entstellungen, durch Unmengen Muskeln, riesigen, aufgespritzten Lippen, durch auch vom Körper belohnte Bräunung der Haut in Solarien, etc., wo auch die Sucht überhand nehmen kann, hier die Sucht nach körpereigenen Opiaten, wie Endorphin.

Das Vertrösten auf eine glückliche Zukunft, was durch Glücksspiele, Aktienhandel, Krypto-Spekulation, Astrologie, politische Wahlen,… getriggert wird, verzögert manchmal Veränderungen im "Hier und Jetzt". Die Genannten Vorgänge und Dienstleistungen sind daher auch anteilig in den Bereich der Drogen zu verorten. Der Sinn im Hoffen auf eine bessere Zukunft, verhindert Veränderung, gute wie schlechte.

Macht, Möglichkeiten, Luxus, das, was Leute spüren, wenn sie ein "potentes" Auto steuern und "Gas geben" können oder in ferne Orte fahren oder, mit dem Flugzeug reisen können, wo sie, anhand von schönen, ästhetischen, grandiosen Natur- und Kultur-Ereignissen, beziehungsweise Strukturen Bestätigung erfahren, gaukelt Macht und Bedeutung vor. Diese Gefühle sind spiritueller Erfüllung nahe und boostern das Ego, den Glauben an sich, die Technik, die Natur,… sie lassen Menschen Kraft, Potential, Größe erfahren. Das kann andere herab setzen, selbst wenn diese mündiger vorgehen. Und es führt zu Fehlverhalten, wie quasi jede Sucht so wirken kann. Wenn es also um Indoktrination geht, muss man einfach, zweifach, dreifach,… schauen, wo Angst und wo Wiederholung eingesetzt oder reduziert werden. Und, huch, gerade in der Schule oder Uni, in Nachrichten, Kirche, wird Wiederholt und dafür Anerkennung, Bestätigung als Belohnung eingesetzt. Wiederholt man seinerseits, was die ÖR Medien vorbeten, wird man zum Sprachrohr oder wenn man, vielleicht aus Ent-Täuschung gegenüber Staat, Kirche, System das Zweifeln regelrecht praktiziert und forciert, wird man zum Spiegelbild der Propaganda und selbst zur Propaganda-Maschine. Im Falle der, bereits erwähnten, Verschwörungs-Theoretiker generiert man Formen der Angst, durch Ungewissheiten. Um dann Leute durch verwirrende Gedankengebäude, die auch nicht frei von Wahrheiten sein müssen, wie eine Herde zum Feiern und Wiederholen des Zweifels, in eigenen Gruppen, dann gegen den Mainstream in eine Richtung zu steuern. Gewissheit erhalten hier nur die wenigsten TeilnehmerInnen und wenn, dann in der Gewissheit das gleiche nicht zu wissen oder das Gleiche, abweichend vom Mainstream, zu glauben. Diese Ungewissheit schafft eine Form der Bereitschaft, ein Pulverfass. Denn Gruppen generieren den Eindruck von Sicherheit, gemeinsam geäußerte Zweifel und Gegenmeinungen suggerieren deren Richtigkeit, wenn auch besonders Extreme Theorien, innerhalb dieser Millieus auch bei milderen DenkerInnen "Fremdscham" erzeugen oder natürlich Angst hervorbringen können. Besagte Pulverfässer stehen den "Sprachrohren" ein wenig zur Verfügung, was die "Sprachrohre" wiederum beruhigt. Halluzinogene Drogen wirken ähnlich, sie suggerieren "höhere Bedeutung" und ein "Mehr", durch Überwältigung mit ungefilterten Daten. Das kann neue Möglichkeiten eröffnen, im Bereich des dann sichtbaren, schmeckbaren,… neuen und vielleicht spirituellen oder wissenschaftlichen Potentials. Das Wissen um Verborgenes oder die Anwesenheit "tieferer" und nicht Verstandener Gewissheiten des Nicht-Wissens und vielleicht gewaltigen Anderen, kann vereinen. Das Teilen von Erfahrungen und Ansichten schweißt zusammen oder irritiert. Gerade, wenn trotz "wahrem Glaube" Probleme auftauchen oder Widersprüche. Halluzinogene Drogen machen wenig bis gar nicht abhängig, nur wenn die Angst durchbricht, bei sogenannten "Horrortrips" lauert eine

Gefahr oder wenn man, wie im Klischee unter Einfluss der Droge "aus dem Fenster springt", weil man glaubt, fliegen zu können. Doch das geschieht nicht häufig. Bedrohlicher sind Drogen, die Abhängigkeit provozieren und dem Körper und/oder der Psyche stärker schaden. Insgesamt zeichnen sich Drogen dadurch aus, dass sie "Reserven" der Psyche, Reserven des Körpers mobilisieren, die dann im Alltag, ohne Droge, fehlen. So kommt es auch dazu, dass die Dosis gesteigert werden muss, da das "Grundwasser" sich nach "weiter unten" zurückzieht, wenn man es anbohrt und abpumpt.

Musik, die Tatsache, dass sie Angst nimmt oder reduziert oder erzeugt, zusammen mit Wiederholungen von Text, ist hier ein weiteres Mittel, gerade auch in Kombination mit Drogen anderer Art.

Denn man kann nicht nur einfach so in Gruppen vereint sein, die sich auf Ideen einigen. Auch gemeinsam gefundene Ideen, Erfahrungen, Gefahren, Zweifel,… sind Gründe, ein Gemeinschafts-Empfinden zu schaffen. "Who knows, knows!" Auch geteilter Unsinn, kann halbes "Leid" herbei führen.

Warnung: Drogen und Angst nehmende Rituale, sowie Gruppenbildung KANN euch zur Empfindung von "Sicherheit" führen, doch auch in die Irre und in Machtmissbrauch durch euch und gegen euch!

In all' dem stecken "Finden und Verlieren" und all das schafft eure Rolle. Und, wie gesagt, die Rolle ist eure "Funktion" gegen Angst. Sie sagt euch, wie Descartes' "Cogito ergo sum", das "Ich denke also bin ich!", dass alles um euch Täuschung sein KANN, aber damit ich getäuscht werden kann, kann ich mir sicher sein, dass ich existiere! DAS kann keine Täuschung sein! Erleben beweist Leben!!! Jedoch sind alle anderen Eindrücke nicht wirklich beweisbar. Die Texte Gläubiger, die Experimente der Naturwissenschaft, wer hat das schon alles überprüft? Niemand kann wissen oder beweisen, dass all das "real" und "richtig" ist. Klar, die Technik, auf der Basis der Wissenschaft funktioniert augenscheinlich. Und ja, Glaube scheint eher nicht zu funktionieren. Glaube ist jedoch schwer zu überwinden, da so auch wenig gebildete, von Schule benachteiligte Menschen den Eindruck von Bedeutung spüren können. Beispielsweise durch Gruppen-Ereignisse, wie gemeinsames Beten, Singen, Kämpfen,… Diese Ereignisse gaukeln eine Stärke vor, die leider bestätigt werden "will". Wie jemand, der Minderwertigkeitsgefühle hat, etwas Absurdes behauptet und dann durch Handlungen zu beweisen versucht, dass er/sie/es es ernst meint. Das reicht von Missionieren, Askese, Hungerstreik, Widerstand, dem Schreiben von Flugblättern, der Errichtung von "Gottesstaaten", zu Imperien, die dauerhaft Kriege führen und vorgeben, das "Böse" zu bekämpfen.

Von Positionen der "Gewissheit" aus kann Mensch sich in Zweifel wagen. Eine "Wahrheit" lässt den Blick in andere Systeme und Denkweisen zu. Gerade aus Schaden wird man klug. Und ICH habe den Vollschaden.

Konservative verhindern teils Veränderungen, gute wie schlechte. Progressive schaffen gute oder schlechte Veränderungen.

Marketing, Werbung, Nachrichten,… können brauchbares Neues in den Fokus rücken. Meist sind Nachrichten jedoch, gerade politisch gefärbt. Werbung nutzt Schwächen, um teils schlechte, unnötige oder, gerade im Bereich Nahrungsmittel und Drogen oder Autos, gar schädliche Produkte zu forcieren. Marketing ist demnach, in diesem Kontext, eine Art Versprechen. Doch bei alle dem gerät die Zufriedenheit der KundInnen in den Hintergrund. Sie sollen sich so vorkommen, sie konsumierten etwas, das sie befriedigt. Zufriedenheit selbst, die Zufriedenheit der Kunden wird gar zur Bedrohung für Werbende und HändlerInnen und muss immer stärker umgangen werden. Denn zufriedene Kunden drohen nicht mehr zu konsumieren. Es gibt hier auch Parallelen zu Religion, sowie dem Werben um PartnerInnen.

58

Spiele, Brot und was ist Dir "Wurst-Käse-Szenario"?

Nahrung, Schutz und entsprechende Werkzeuge und Waffen nehmen Angst. Techniken der Herstellung auch, wie zum Beispiel die dazu passende Arbeit und Ressourcen. Verarbeiten UND Arbeiten geben das Gefühl von Kontrolle und Selbstbewusstsein, Selbstwirksamkeit, … Das ist dann eine Bedrohung für KonkurrentInnen um diese Dinge, Ansichten und Fähigkeiten. Sprache ist eine essentielle Technik und Herr- oder Frauschaft oder Diversschaft über Sprache. Und "das Wort" ist quasi ein Schauplatz von Kreativität und Regeln und Kommunikation, hat Andeutungen von Kriegszuständen, geht es um Deutung von Texten, Diskussion und Diskurs. "Wer hat das Sagen?"!!! "Wo spielt die Musik?" "Der Ton spielt die Musik!" "Den Takt angeben!" "Nach der Pfeife tanzen!" "Wissen ist Macht!" So werden die Urmenschen zwar wenig von der Welt auf naturwissenschaftliche Weise verstanden haben, jedoch durch ihre Kenntnisse und ihr Zusammenleben teils starkes Selbstvertrauen bis Selbstbewusstsein erlangt haben.

Fotos von Nahrung schwirren durch die Social Media, die teils anti-sozial sind. Futterneid auf glänzende und teure Gegenstände, wie gesagt Nahrung, Sicherheit und Attraktivität wird geschürt.

59

Ja, meine Texte können auch irritieren, jedoch durch Klarheit und Deeskalation, letzten Endes mache ich eure Unsicherheit nur sichtbar. Meine "Macht" ist die des Friedens, auch wenn das nicht immer so war.
Es war ein starker Zug der Eliten, die Machtpositionen innerhalb der Gesellschaft zu splitten. "Divide et impera" heißt etwa "teile und herrsche". Parteien (verwandt mit "Part" also "Teilbereich") und Sekten (verwandt mit "Sektor" also "Teilbereich"), Staaten und andere Bereiche innerhalb der Staaten wurden voneinander geschieden. So kann man viel leichter und einfacher Veränderungen durchsetzen, nur von den vielfältigeren Meinungen oder Konfusion,… gebremst. "Links" und "Rechts" im Bereich der Parteien sind demnach dazu da, einfachen Leuten eine Projektionsfläche zu bieten, damit der Eindruck einer Wahl und einer richtigen Wahrheit vorgegaukelt wird. Und die Partei, die gerade nicht erwünscht ist, wird dementsprechend behandelt. Zu beachten ist, dass es egal ist, ob die unerwünschte Partei gut oder schlecht behandelt wird, entscheidend ist die erzeugte Meinung. Auch Unschuld kann so zur Waffe werden, zum Schild. Wie auch die fff (Fridays for future) - Kinder genutzt werden, um Ziele, gar gegen Mehrheiten durch zu setzen. Links und Rechts wurde generiert, damit man von deren Streit profitiert, wenn man beispielsweise darüber berichtet, Bücher verfasst oder einer Gruppe Macht gibt. Und dann nur diesen einen Part zu SchuldigInnen erklärt, wenn etwas verwerfliches durch sie realisiert wird.

Gläubige Menschen sind teils unsicher, wollen aber "das Richtige" tun. Die Eliten wissen das und geben ihnen Regeln, Verbote, Gebote, Gesetze,… Teils sind diese negativ, teils positiv, teils verwirrend, oder auch wirklich widersinnig (wie die Regel: "nichts ist wahr, alles ist erlaubt", die also nicht wahr ist, weil ja nichts wahr ist).

Klimawandel?: Was mit Nahrung und Schutz (vor extremem Wetter, Waldbränden, Erdrutschen, Überflutungen, Dürren,…) zu tun haben kann, ist der sogenannte "Klimawandel". Ich halte ihn für real, kausal bewiesen ist er meiner Ansicht nach noch nicht. Klar ist so etwas mit Angst besetzt, denn sehr sicher sind damit Horrorszenarien verbunden, die bei manchen Menschen, in der Vorstellung, ausgelöst werden können. Wir sind, denke ich, gezwungen zu reagieren, obwohl die letzte Gewissheit noch fehlt. Denn, wenn der Mensch dahinter steckt und wir nichts tun als weiter zu machen, könnte das katastrophal enden. Entpuppt sich das ganze als harmlos oder als Irrtum, können wir vielleicht darüber lachen oder manchen WarnerInnen und MahnerInnen klar machen, dass sie gerne etwas ruhiger hätten gewesen sein können. Damit verbunden sind andere Arten des Konsums und gerade der "Handel" mit Trinkwasser, der überwiegend sehr verdeckt stattfindet und so nicht richtig in Statistiken geführt wird. Denn, in anderen Staaten produzierte Baumwolle, die Farben, das Weben,… von T-Shirts benötigt Wasser. Das Endprodukt zu importieren, ist die Einfuhr von viel viel Wasser, bereits bei einem T-Shirt. Oder E-Autos, Elektronik,… diese Produkte verschlingen regelrecht Unmengen Wasser. Wir konsumieren und handeln davon weit mehr, als wir sollten. So erzeugt man auch andere Effekte, wie die Neigung zur Flucht und Migration. Das durch einen "great Reset" zu reduzieren, wäre ein extremes Mittel, welches gerade die Ärmsten und Reichsten betreffen würde. Wobei die Ärmsten auf die Dauer Vorteile erwarten könnten, nach Problemen in einer Anfangsphase. Für die Zeit NACH teilweisen und teils bewusst herbeigeführten Kollaps wäre ein neues, besseres und resilientes System wünschenswert. Das will ich hier skizzieren. Beachtet noch den Aspekt, dass der "Klimawandel" bereits vor vielen Jahrzehnten prognostiziert wurde, was wahrscheinlich nicht bloßer Zufall ist. Zudem kann man durch "Geo-Engineering" das "Terraformen" lernen, was nicht nur schlecht sein kann.

"Fleischeslust" und "Tierliebe": Klar, die Menschen wollen sich noch als sehr erfolgreiche JägerInnen fühlen, wenn sie sich ein Stück Muskeln oder innere Organe vom Tier auf den Grill legen. Das wird als "Teil der Alltagskultur" gesehen. Fleisch und Milchprodukte oder Eier vom Tier bieten auch teils sehr "gute" Quellen für vom Menschen verwertbares, tierisches Vitamin B12 und andere Nährstoffe. Fleisch bietet, unter anderem, gerade für Frauen wichtiges Eisen. Jedoch sind damit Probleme verbunden, diese Ernährung zu "unterfüttern". Denn hier verschwinden Unmengen Ressourcen, Landwirtschaft für Fleischherstellung, für Fleisch für Mensch und seine Haustiere ist, so meine Information, der größte Umweltschädling! Gesund, als Lebensmittel, sind Tierprodukte, da krebserregend oder weil sich Gefäße, bis hin zur Blockade zusetzen, nicht oft. Übergewicht, Diabetes, Veränderungen durch enthaltene Hormone, Antibiotika, Stressstoffwechsel der Tiere,… sind nicht zu ignorieren. Das ist wieder nur eine Meinung, man muss das nicht glauben. Wie vertretbar das Quälen von empfindungsfähigen Lebewesen ist, oder der Mord an ihnen, muss man sich mal fragen. Hier wird viel verdrängt. Menschen wollen dann, dass die Tiere "glücklich" gelebt haben, bevor sie sie essen. Wollten Menschen eher in einem schlimmen Leben sterben oder wenn sie glücklich sind? Wenn man auf der Grillparty Videos von Schlachthöfen zeigt, fällt man schneller in Ungnade als die Leute, die gerade ein unschuldiges Tier verschlingen. Manchmal mag man emotional gerade diejenigen weniger gern, die man schlecht behandelt und die lieber, die man gut behandelt. Das ist teils als "Benjamin Franklin-Effekt" bekannt. Hier ist ein emotionales Thema, das einiges Konfliktpotential bietet. Darf man Schwächere foltern und töten, wenn es nicht unbedingt "notwendig" ist?

Fleisch "aus dem Labor" kann eine Alternative bieten, ist jedoch noch nicht so wirtschaftlich und "human", wie es

gerne wäre. Manche Menschen benötigen sogar Fleisch, um gesund zu bleiben, denen will ich das nicht aufzwingen, auf die nötige Menge Fleisch, so lange es nötig ist, zu verzichten. Jedoch nur zu sagen, "ich kann ohne Fleisch,… nicht leben", ohne dass das der Realität entspricht oder je versucht wurde, ist hier eine weitere schwierige Einstellung. Tierquälerei an Hunden und Katzen ist weitaus sensibler besetzt, als die Quälerei an Schwein, Rind oder Huhn. Ich beabsichtige nicht, die Zuchttiere zu töten, nur dafür zu sorgen, dass es weniger von ihnen gibt. Zumal viele der Tiere, durch Zucht, ihre unabhängige Überlebensfähigkeit eingebüßt haben und sich teils stark mit den Folgen der Zucht quälen. Menschen zu essen, das kann bei weitaus mehr Leuten Abscheu erregen, wie auch bei mir. Doch was ist der genaue Unterschied, wenn man mal sachlich hinschaut? Der Unterschied ist, IMHO noch nicht so detailliert fest zu machen.
Tiere sind anderes Leben, mit Wahrnehmung, Liebe zu ihren "Kindern", zumindest teils, Formen des Bewusstseins. Und: Der Fleischkonsum lässt, durch Ressourcenverbrauch, viele Menschen eher hungern. Die Haustiere essen den Menschen quasi teils das Essen weg.. Haustiere essen "besser" als manche Leute in ärmeren Regionen der Erde. Haie töten in schlimmer Weise bis zu etwa einem Dutzend Menschen im Jahr, weltweit. Blindenhunde tun wichtiges, Hunde generell töten jährlich ungefähr 25.000 Menschen, weltweit. Wieso ist hier

unsere Urteilskraft so verschoben? Hunde gaukeln und vor, dass sie uns mögen. Oft mag das auch stimmen. Dass wir aber für unsere Aufgabe als Herrchen, Frauchen oder Diverschen so viel Zuwendung und Streicheleinheiten austauschen können, kann zum Problem werden. Wir sind dann nicht mehr so angewiesen auf menschliche Bestätigung! Und das hat nicht nur Vorteile. Denn wir werden so auch weniger sozial und können Menschen "links liegen" lassen, was Diskrepanzen und Zwist verlagert und anhäuft. Die Haustiere werden zur Waffe im "sozialen" Raum. Menschen essen seit etwa 2,5 Millionen Jahren, genauer: Seitdem der Mensch das Fleisch gut von Knochen schneiden kann und auch zerteilen kann (durch Feuersteinklingen), wird mehr Fleisch konsumiert. Das vielbeschworene "Allesfressergebiss" war dazu so nicht in der Lage. Auch die Nutzung des Feuers, um Fleisch weicher, zart zu machen, trug zu dieser Entwicklung, hin zu mehr Fleischkonsum, bei. Und: Fleisch ist potentiell ein Lebensmittel, jedoch ist das Thema, in der derzeitigen Lage, kritisch zu diskutieren. Denn seit der Zeit vor 2,5 Millionen Jahren hat sich der Umgang mit vielen Ressourcen verändert. Die Wegnahme von Fleisch ist wahrscheinlich ein allzu radikales Vorgehen, denn manche Menschen bekommen dann Angst. Das zu triggern, wäre und ist schlimm. Redet über das Thema und beleuchtet es von allen Perspektiven, schon einE JägerIn hat da ganz andere Haltungen, die anders als die hier vereinfacht niedergelegte sein können und dennoch auch teils Sinn ergeben kann. Würdet ihr auch außerirdische Lebewesen internieren und vernichten, wenn sie relativ lecker und wehrlos wären? Was mit Kindern, wo zieht ihr die Grenze? Man kann mit der Position der Augen bei Fleischessern argumentieren, die nach vorne gerichtet sind, wobei das bei vielen, auch "reinen" Pflanzenfressern, wie Gorillas vorkommt. Ich bin persönlich, seit einem einschneidenden Erlebnis nicht mehr für so etwas, wie Verhalten das an Mord erinnert, zu haben. Wenn ihr für eure E-Mobilität Kinder in Kobalt-Minen verschleißt, habt ihr vielleicht gute Argumente, auf die ich einfach nicht komme. Es macht einfach erst mal einen schlechten Eindruck bei mir. Man hat mir mal gesagt, Tiere wehren sich gegen das getötet-werden, damit deren Tod uns ein größeres Opfer ist und wir "Gott" eher danken sowie das Tier ehren. Das ist natürlich Glaubens-Unsinn. Und: Das zu "wissen" (anzunehmen), macht das Opfer doch zu einem geringeren Opfer. Kann "Gott" seine sinnvollen Geheimnisse nicht schützen??? UND es ist bedenklich, so zu denken. Man könnte so auch zunehmend über Leute denken, die anderen Gruppen angehören, sie entmenschlichen, um sie auch leichter töten zu können. Zu sagen: "Tiere sind zum Gegessen-werden da", kann auch auf Menschen angewandt werden, was natürlich keine gute Perspektive ist. Vielleicht wehren sich Tiere aus den gleichen Gründen gegen das Getötet werden, wie ihr das tun würdet. Ist die Ähnlichkeit nicht vielleicht weitaus größer, als ihr denkt und wissen wollt?!?

Dass hunderte Millionen Menschen hungern und Tausende Kinder täglich verhungern, ist schrecklich. Und es ist ein Grund für den Willen, dem zu entfliehen. Unsere Systeme können kippen, wenn sich Gleichgewichte allzu stark verschieben. Die einen rüsten mit Werkzeugen und Waffen auf, die andern mit "Kindern als Waffe", da frage ich mich milde: "Habt ihr noch alle Tassen im Schrank?" Denn jedes Lebewesens Taten haben Gewicht, und ihr schiebt die Verantwortung einfach weiter.
Pflanzen könnten Formen des Bewusstseins haben, dass so viele für die Tiermast genutzt werden, sollte man ändern. Holz als Ressource ist zu ersetzen/reduziert einzusetzen. Flucht erwähne ich nur noch mal am Rande.

Autos, Zigaretten, Alkohol: Hier stecken auch noch weitere Opfer drin. Jährlich sterben viele Tausend Menschen, Tiere, Pflanzen durch die Folgen dieses Konsums. Durch Abgase, Passivrauchen, gerade Krebs. Klar, das Auto hat auch gute Seiten, Drogen lassen euch Angst ertragen, Macht kann das ebenfalls, jedoch ist es eine Frage der Balance, denn die durch die Technik(en) verliehene Macht benötigt Grenzen, so lange sie noch nicht ins Ökosystem eingepasst ist. Drogen, Medien die der Flucht und Betäubung dienen, manchmal auch Gewalt, … werden als eine Art von "Spaß" zusammengefasst. Dieser schadet allen Beteiligten, wenn er auch die Welt und den Weltschmerz erträglicher zu machen scheint. Für den Moment zumindest. Man schafft die Realität des

"Schlechten", um eine Begründung zu finden, die dann das Existieren von Schlechtem zur Begründung macht: "Die Welt ist schlecht und deswegen ist mein Tun gerechtfertigt". Gleiches mit Gleichem zu vergelten, wobei man selbst TäterIn wird, ist armselig aber man kann es/sich wandeln.

Alle Anti-Angst-Techniken haben auch Vorteile. Videospiele erziehen uns nicht nur zu effizienteren TäterInnen, sondern die abreagierte Aggression kann weitaus mehr Menschen friedlicher und entspannter machen. Die Flucht in andere Welten kann Lust auf wirklich neue Welten machen, die Angst, die es uns nehmen kann, wenn wir Rätsel lösen können, das "Böse" besiegen, Krankheiten eindämmen, Stärker werden, kann uns am Arbeiten und Funktionieren in der Realität halten, weil die Entspannung eben eine Art erhöhter Angstfreiheit ist. Jedoch, wenn wir, durch zu viel Flucht die Realität nicht mehr wahrnehmen, keine Kinder in die Welt setzen, keine Bestätigung im Job finden,… wird das Spiel zu etwas Schädlichem: Flucht wird zunehmend Sucht. Klar, wie bei anderen Drogen, kann es eine Art "Selbstmedikation" sein, Angst kann vorüber gehen, Sinn kann erzeugt und gefunden werden, jedoch wird das, je mehr ihr an Dosis nehmt, je bestimmender die Sucht für den Alltag wird, je näher ihr der Kriminalität kommt,… unwahrscheinlicher. Eure Erleichterung kann, wie gesagt, wichtige Veränderungen stark verzögern.

Ist Social Media in diesem Sinne nicht der Versuch einer Selbst-Therapie? Ein Versuch der in Heilung aber auch in mehr Krankheit, Sucht und anderem Fehlverhalten enden kann?!? Social Media, die Traumata, auch kollektive (die der Gesellschaften) heilen "will".

69

Scham, Jenseits, Unbekanntes, gute und schlechte Vielfalt

Scham ist Folge der Sozialisierung in unterdrückenden Gesellschaften, kann sich auf vieles beziehen, sogar auf den eigenen Sozialstatus, die Gesundheit,… . Scham vor Sexualität tritt erst ab einer gewissen Erkenntnisfähigkeit auf, sie stigmatisiert teils gar die Opfer sexueller Gewalt, dazu kann ein verstärktes Trauma kommen. Scham kann zum Lenken von Gruppen genutzt werden. Das Vertrösten auf eine Zukunft, ein Jenseits, ein "jüngstes Gericht", den Weltuntergang,… kann zu einer leichteren Nutzung der Menschen in Krieg, Eroberung, Mission,… führen. Da so der Eindruck geweckt wird, der Tod der Betroffenen wäre weniger fatal. Als ob ein allmächtiges Wesen das nicht anders oder gar netter lösen könnte. Die Leute geraten unter einen Druck, eine Spannung und sie werden so zur Waffe, zum Werkzeug des eher Negativen. Wobei es auch eine Verbesserung herbei führen kann, auch wenn ich das nicht gut heißen will. Teils aus eigener Erfahrung, wo ich aus missverstandener Liebe, glücklicherweise vorbereitet, Schlimmeres zu verhindern, zu einer Art Verbrecher wurde, mit sehr zerrüttetem Weltbild, durch Verzweiflung.

Es gibt die eine Weisheit, dass es die eine Weisheit quasi nicht gibt. (Quasi=fast, beinahe)

Vielfalt: Sie soll sicher stellen, dass es mehrere potenzielle Lösungen auf Stress, Belastungen,… gibt. Leider regeln Staat und Religion eher in Richtung auf "Einfalt", denn ein gemeinsam "geteiltes" Denken und Weltbild hat den Vorteil, dass Werte und Konzepte für das Handeln nicht umständlich erklärt werden müssen. Die Teilung in verschiedene aber wenige, künstliche und zudem ähnliche Denk- und Handlungsstrukturen ist teils willkürlich und wird dennoch forciert. Religionen und politische, sowie ökonomische Systeme sind von wenigen Kombinationen abgesehen, simpel Standards. Der Alltag kann sich dennoch, je nach Status der Individuen, unterscheiden. Sexuelle "Freiheit" ist eine Illusion und die Genderdebatte mag nur auf zukünftige Wahlmöglichkeiten vorbereiten. Vielleicht kann ein Mensch in absehbarer Zeit sein Geschlecht wählen, sein biologisches Geschlecht gar. Oder möglich, dass man sich in der nahen Zukunft aussuchen kann, welche Spezies, welches biologische Alter man darstellen will. Man muss sich merken, dass der Staat keine wirkliche Vielfalt in den Meinungen der BürgerInnen wünscht, nur meist konkurrierende Indentitäts-Gruppen, die sich kaum wirklich unterscheiden. Scheinbare Wahlmöglichkeiten gaukeln Freiheit vor. Alle essen, alle trinken, alle atmen,.. So lange sie gesund leben. Was die Leute essen, trinken, vielleicht auch atmen, da gibt es teils Unterschiede.

In der "Genderdebatte" geht teils unter, dass durch dieselbe, gerade bei als "toxisch" eingestuften Cis-

Männern, Identitätskrisen gefördert werden, die bis hin zum Selbstmord eskalieren können. Es gilt: "Alle sind divers, auch die Cis-Geschlechter gehören selbstverständlich dazu." Klar, gerade die auch immer mal wieder vorkommenden toxischen FeministInnen und ihre Ideen stören sich an den "starken" Männerbildern, da kommt es zu Interessenkonflikten, meist geht es um Macht. Die "Macht" der "toxischen" Männer ist für Frauen reizvoll UND eine Hürde. Ähnliches gilt, selbstverständlich, für die "Macht" "toxischer" Frauen, die für manche "Männer" schwer "greifbar" sind, was auch ok sein kann. Etwas mehr Toleranz kann hier helfen. UND: Vielleicht begehen, überwiegend Männer, nicht nur Suizid, weil sie gerne ein anderes Gender leben wollen. Vielleicht verwirrt sie die Debatte auch und ihre Rolle füllt sie nicht mehr aus, aufgrund der vielen Auswahlmöglichkeiten. Pickt euch alle einfach, eure gewünschten Rosinen heraus und jeder bekommt sein spezifisches Gender. So denke ich, hat quasi jedeR seine Individuellen Vorlieben und Abneigungen.

Prüfung: Vieles scheint eine bewusste Prüfung für uns zu sein, so der Eindruck, den gerade die Schule triggert. Jedoch ist ein Gefühl, geprüft zu werden, nicht zwingend ein Hinweis, dass da ein Test gemacht wird. Für die Evolution ist es wichtig, dass wir uns Stressoren aussetzen. Zudem ist alles, was unsere "Fitness" steigert, prinzipiell erst mal ok. Jedoch ist die Gesellschaft, abschnittsweise "Ort der Auslese", Menschen werden zum Gebrauch von Drogen, Konsum, Sport,… in einem Ausmaß verführt, das automatisch auch einzelne Personen "ausliest". Der Zustand, in dem manche "über den Durst" trinken, mit Autos "rasen",… wird allgemein schnell als "Spaß" bezeichnet. Auch im Bereich der Sexualität gibt es entsprechendes, auch hier nicht immer allzu positiv bewertet.

Krieg ist der "Sinn" der SoldatInnen, weil er/sie so ihre Auffassung von Verwirklichung umsetzen kann. Das wird oft missbraucht.
Graffiti ist der Sinn der SprayerInnen, um ihren Platz zu besetzen und sich zu verwirklichen und für Ästhetik und/oder eine Botschaft zu arbeiten.
AutofahrerInnen, sie wollen eigentlich als DraufgängerInnen, TechnikenthusiastInnen, Freiheitsliebende,… gesehen werden.
…
Frauen können mehr Einfluss auf die Demografie nehmen als Männer. Ein Mann kann, abhängig von der Zahl seiner Partnerinnen mal mehr, mal weniger Kinder zeugen. Der Ausschlag gebende Faktor ist die Zahl der Frauen. Zehn Männer könnten mit einer Frau in etwa einem Jahr nicht so viele Kinder zeugen. … dieser höhere "Wert" der Frau wurde zu ihrem Nachteil. Frauen wurden und werden als "Waffe" genutzt, um eine ethnische oder religiöse Gruppe an Einfluss gewinnen zu lassen, durch die schiere Anzahl

der GruppenmitgliederInnen. Das hat auch ökonomische Folgen.

Doch die Frauen verlieren ihre "Stellung", da nicht mehr so viele Kinder "benötigt" werden, sie (die Frauen) müssen zunehmend und vorläufig in bisherige Männerdomänen hinein, damit sie dort auch ein wenig deeskalieren. Das ist, wie jede Vereinfachung hier, nur so formuliert, um mich nicht unnötig in Details zu verlieren, die auch ungenau sein müssen, so lange nicht jedes Menschen Ansicht, Perspektive, Rechtsauffassung zu Ende integriert wurde. Wobei DAS nicht unmöglich ist. Lügen aufrecht erhalten, ist aufwendig. Die Wahrheit ist aber von Lügen verdeckt, für die, die nicht suchen. Und: Die Lügen werden tausendfach wiederholt. Das macht die Sache nicht einfach. Die Wahrheit hat dauerhaft bestand, kann aber eventuell komplett überdeckt werden. Glauben wir eher, was uns gefällt. Egal, ob es realistisch ist?! Frauen haben bei Männern bessere Chancen als umgekehrt. Werden aber schnell als "Schlampen" gesehen. Männer eher als "Hengste". Ist das eine gute Botschaft? Frauen sind an die Kinder eher emotional gebunden, das gilt für weniger Männer. Männer spielen eher den Interessierten, erst, wenn das Interesse erwiedert wird, denken manche Männer über die Option nach. Risikovermeidung, die "toxisch" wirken kann.
Wir suchen oft, wie vor Gericht, nach dem eindeutig "Bösen", um es zu bestrafen. Und streben nach dem "Guten". Doch selbst die Superhelden versagen meist.

74

Superman gibt der Welt nicht seine Technologie. Batman könnte sein Geld wesentlich sinnvoller nutzen. Wakanda lässt Millionen in Armut verzagen. Frauen als AusleserIn der passenden Männer, teils unwissend, dass sie so viel Auswahl haben und Menschen zum "Aussterben" verurteilen können, wenn sie sich nicht schwängern (lassen). Hier will ich nicht den Eindruck erzeugen, Frauen müssten etwas tun oder lassen. Ich will nur Formen des Toxischen aufzeigen. Wie auch bei manchen AktivistInnen, die Leute für "transphob" erklären, wenn sie kein Interesse an Sexualität mit Transmenschen zeigen/haben.

Wir lachen oft wegen Verunsicherung. Weil man etwas eher Ernstes nicht voll annehmen kann. Weinen geschieht oft aus Erleichterung. Lachen aus Freude und Weinen aus Trauer sind beides seltene Ereignisse geworden. Irgendwie ist das nicht nur schlecht.

Verständnis, Verstehen: Man kann die Welt, wenn man sie besser versteht, eher besser oder schlechter machen. Verstand ist eine Grundlage für Macht. Verständnis für das "Schlechte", das der Verstand ermöglicht, muss man nicht haben. So etwas ist, zumindest auf die Dauer, nicht zu tolerieren, noch, auch nur annähernd, zu akzeptieren.

Methoden

Die "kritische Masse".

1. Neustart: Wechsele mehrere Male die Perspektive, die Meinung, die Auffassung. Oder, wenn ihr es so wollt, das Umfeld, die Klimazone, das Land, die Religion, die Partei,… und seid jedes mal so gut in dem, was ihr gerade denkt, wie ihr hinbekommen könnt. Ein "Reset" kann gut oder schlecht sein, wahrscheinlich teils-teils. So gilt es wahrscheinlich auch für den verpöhnten "Great Reset", gegen den die Armen arbeiten, weil die Eliten ihnen davor Angst machen. Doch vielleicht ist das für die "NormalbürgerInnen" sogar eine Chance, die in einem Neu-Anfang steckt. Das der Wahrheit näher kommende, es hat dauerhafteren Bestand, über die Veränderungen hinweg.

2. Fordert es ein, wenn ihr es verdient, gut behandelt zu werden: Leute, die euch Gefallen tun, mögen euch eher! Weil wir Leute gut behandeln, die wir mögen, mögen wir die, die wir gut behandeln. Benjamin Franklin-Effekt, ich habe es bereits erwähnt.

3. Macht euch eure Rolle(n) bewusst: Nur, wenn ihr eure Struktur kennt, könnt ihr Missbrauch erkennen und verringern bis vermeiden. Ist anderen eure Struktur bekannt, können sie euch instrumentalisieren, gerade, wenn ihr naiv seid. Der Pädagoge Janusz Korczak hat, aus Pflichtgefühl Opfer gebracht. Religiöse ExtremistInnen gehen in den Tod oder

schicken andere, zu Waffen instrumentalisiert, in Konflikte. Im Glauben ist man schnell gefangen. Das gilt auch für Meta-Persönlichkeiten, wie Staaten, diese können auch mal ihre angebliche "Freiheit" verteidigen, indem sie SoldatInnen in Konflikte entsenden, die nur für die Eliten Profit und Vorteile bringen.

4. Spielt "Papier und Bleistift Rollenspiele". Seid mal GamistIn, mal NarrativistIn und mal SimulationistIn. Studiert Rollen ein. Nutzt "Gebete, die ihr euch selbst gestaltet" zur Selbst-Programmierung. Medien jeder Art können inspirieren, euch selbst zu designen und so zu werden, es zu verinnerlichen.

5. Programmiert euch selbst durch häufig wiederholte Handlungen und macht euch selbst Sinnsprüche, die ihr "beten" könnt. Bestimmt selbst, was ihr denkt und tut.

6. Glaubt an euch, aber nicht an die Politik, denn sie "frisst" IdealistInnen.

7. Glaubt nicht immer alles, was im "Netz" steht. Ihr könnt das noch überwiegend, das ändert sich rasant. Eine Era des "totalen fake" lauert in der nicht allzu fernen Zukunft.

8. Ein System der "mündig-freien" totalen Überwachung wäre mein Vorschlag. Das wird von vielen verurteilt und abgelehnt werden. DIESE Leute wehren sich nicht gegen Eliten, die uns zur Ressource machen wollen. DIESE Leute wehren sich nicht gegen die DatensammlerInnen und die Auswertung mittels Smartphones und K.I. . Die Bedingung für unsere relative

77

Freiheit ist: Ein Ende der allzu hemmungslosen Konkurrenz. Gründet eine Demokratiebewegung, weltweit. Denn wir leben in Systemen, die quasi nur das Label "Demokratie" tragen, damit sie nicht in Frage gestellt, gar verbreitet werden. Es geht besser,- und erklärt das nicht, warum "Demokratien" bisher nicht so gut funktioniert haben?!? Ahnungslose fordern schnell strenge Regeln und Ordnung und das heißt dann oft: Unterdrückung. Die Frustrierten sollten sehen, dass das schnell in Konflikte führt, so weit die Geschichte uns lehrt. Gerechtigkeit sollte das Ziel aller Bemühungen sein, dann muss man sich um Würde, Gleichheit,… quasi kaum noch Sorgen machen. So lange Politik das tut, was sie offiziell bekämpft, wird das nicht zu Gutem führen. Klar, höher Qualifizierte besser zu bezahlen, motiviert zum sich-qualifizieren. Jedoch, ab einem bestimmten Punkt, schafft man so das Unrecht der "Schere zwischen Arm und Reich". An eure Führung und an die Wissenschaft "glauben", hier zu vertrauen, IST unwissenschaftlich und verantwortungslos. Meinungsvielfalt darf nicht weniger gelten als trendige "Gendervielfalt", beides ist bedeutsam und gerade letzteres darf nicht zur Entzweiung der Bevölkerung genutzt werden, wie derzeit.

9. Fleisch essen zu können, ist als Ritus einem Drogenkonsum in seiner Angst-Beruhigenden Wirkung ähnlich. Es beruhigt, etwas essen zu können, das mal schwer zu finden war (vor 2-3 Millionen Jahren noch, war Fleisch ein Ausnahme-Gericht, INHO). Jedoch fördert man damit mittlerweile viel Fehlverhalten und Leid, Hunger in anderen Weltregionen,… Hunde und Katzen streicheln und versorgen zu können hat den gleichen beruhigenden, weil die eigenen Möglichkeiten

erfahrenden, fühlenden, bestätigenden Effekt. Man empfindet es teils, als habe man Kinder und damit für Nachkommen gesorgt oder versorge sie noch immer. Das kann auf eigene Nachkommen vorbereiten, uns beschäftigen und die Zuwendung für und von den Tieren, sie zeigt und ein "positives" (oder so wirkendes, jedoch verzerrtes) Bild unserer selbst. Kann aber auch schief gehen. Sich anders zu orientieren, kann sehr schwierig wirken, ist es aber wert, zumindest in Betracht gezogen zu werden. Denn die "böse" Welt ist teils wegen euch und eurem Fehlverhalten so. Ihr fühlt euch auf Kosten der Welt "gut" und verwechselt das Gefühl mit wirklich Gutem.

10. Sprache ist bedeutsam. Sie schafft unsere Weltsicht, ermöglicht Kommunikation und damit Kooperation und kollektive Konflikte. Sie kann Missverständnisse generieren und beseitigen. Sie ist DAS Machtinstrument, denn wir identifizieren uns mit Sprache, dem Gesagten, dem Gedachten, dem Geschriebenen und der Technik. Einer Technik, die weitere Plattformen für Kommunikation erschafft, bis hin zur Analyse von Gehirnströmen, die immer genauer Rückschlüsse auf unser Gedachtes ziehen können, Gedankenlesen sozusagen. Daher ist das Gebotene und Verbotene in Sprache ein Zugang zu unserem Denken, ja unserer Identität und unseren Werten und Bewertungen. Wer das Gendern kennt, weiß, dass hier, mit guten Vorsätzen, Kontrolle über Sprache und Denken erreicht werden soll. Zumindest in Teilbereichen unserer Kommunikation. Wie glücklich man ist, dass das Geschlechtliche so forciert wird, weiß ich nicht für jede Person. Jedoch ist die Tatsache, dass negativ besetzte Begriffe seltener

gegendert werden. Von MörderInnen, VergewaltigerInnen, TerroristInnen,… liest man, aus unfairen aber erklärbaren Gründen selten. Dass die Sprache bisher einen Fokus auf die Aktivität von männlich gelesenen Berufsbezeichnungen, gesellschaftlichen Ämtern,… legte, ist nicht egalitär. Doch das durch, eher weiblich gelesenes Pendant zu ersetzen, ist kein glücklicher Zug. Doch genau das geschieht mittels der *Innen oder anderer Endungen. Dass es außerdem zu Konflikten mit der Sprache kommt, wenn man von Hebammen spricht oder von Samenspendern, welche zu Bezeichnungen gehören, bei denen ein anderes Geschlecht zu Verwirrungen führen könnte. Oder, dass Bäuer*Innen, in Bäuer und Bäuerin aufgedröselt widersinnig wirkt, bedarf der Korrektur. Gegen ein Gendern habe ich prinzipiell nichts, es sollte nicht verboten werden. Aber erst einmal muss hier ein einleuchtendes und nicht nur durch gut gemeintes Bemühen ausgezeichnetes Konzept her. Denn sonst wird es zu einer Praxis, die manche als "Gaslighting" empfinden könnten, welches sich ja durch ein Verunsichern von Menschen auszeichnet. Auch das "Gaslighting" kann wiederum als "Frame" zum "Gaslighting" genutzt werden, man unterstellt Leuten, die man verstummen lassen will, sie wollten andere verunsichern, zum Beispiel durch Einschränkungen und Veränderung von Sprache, sowie durch Lügen. "Framing" zu unterstellen, kann demnach zum "Framing" und "Gaslighting" verwandt werden. Alles das soll "Herrschaft", "Dominanz", "Frauschaft", "Diversschaft" über Sprache erzeugen. "Cancel Culture" und "Kulturelle Aneignung" können das auch, verbieten oder löschen aber, teils in Geschichte, Architektur und Wissenschaft,… niedergelegte Information. Das kann zu Vergessen führen, im Falle der

"Cancel Culture" sollte man, durch Hintergrundinformationen, aus Denkmalen, Straßennamen,… Mahnmale machen.

Und im Falle der "Kulturellen Aneignung" ist der Mensch oder ist die Gruppe, die da geschützt werden soll, der/diejenige gewesen, die/der sich das zuerst angeeignet hat. Patente, Copyright, Markennamen, führen zu sehr starken Bereicherungen und, im Bereich der Medizin und Technik, werden so hilfreiche Medikamente erst spät erschwinglich und überhaupt verfügbar. Bloß, damit sich einige Leute und Firmen bereichern. DAS kann und sollte anders geregelt werden. Und das nicht erst, wenn Probleme unerträglich werden, bzw. bleiben. Soll die jeweilige "Kultur" durch das Verbot von Aneignung ihrer identitätsstiftenden Inhalte "rein" gehalten werden? Soll Austausch erschwert und die Welt in eine weitere Gruppe "PrivilegierterInnen und BenachteiligterInnen" getrennt werden?!?

Weitere Mittel, die in der Sprache vorkommen, um Macht auszuüben, sind Prangern ähnlich, an denen Leute zur Schau gestellt werden. "Homophob", "frauenfeindlich", "patriarchal", "transphob"… nutzt man, um Menschen, vielleicht durch "Shitstorm" in die Enge zu treiben. Ist das nicht gegen die Würde? Selbst, wenn es zutreffen sollte, ist der Grad der Übereinstimmung mit der "Anklage" und die "Bestrafung" verhältnismäßig zu halten. Wieder ist Sprache das Schlachtfeld der Machtbewussten. Hier sind verheerende Waffen im Einsatz und teils führt das zu Ungleichheit. Unrecht durch unterschiedliche Machtverteilung ist ein Riesenproblem, wenn diese Macht zu schädlich-egoistischen und kurzsichtigen Taten verleitet. JedeR kann jedoch seine persönliche Macht, auf diese Weise, steigern. Denn das Unrecht und die Lüge sind zu vielem in der Lage. Die Wahrheit zu "besiegen", die durch einfache, bloße Existenz besticht, schaffen sie nur mit enormen Anstrengungen. Der Schaden, den sie beim simplen Versuch anrichten, kann vehement sein. Verunglimpfung von Zweifelnden, die zu unrecht nicht ganz ernst genommen werden, hier sind die "Frames": "VerschwörungstheoretikerIn", "QuerdenkerIn" (früher wurden mal Leute wie Einstein so betitelt),… zu Hause, ist schier "obszön" zu nennen. Dem Staat ist auf die Finger zu schauen. Der Staat MUSS sein Handeln rechtfertigen und begründen können. Transparenz muss immer erreichbar sein. Von Heimlichkeiten profitieren oft die VerbrecherInnen. Das soll nicht bedeuten, dass es nicht geschützte Bereiche geben soll, wo Daten, unsere Daten recht sicher und vor Zugriff stark geschützt sein dürfen. Doch, in der Not, mit der berechtigten Begründung, darf nichts so geheim sein, dass ein verantwortungsvoller Bürger, eine verantwortungsvolle Bürgerin,… den Zugriff verwehrt bekommen dürfte. Es darf eigentlich nicht sein, dass BürgerInnen zu solchen Konzepten greifen "müssen", damit der Staat nicht komplett "am Rad dreht", und dem Volk die Kontrolle entzogen wird, zu Gunsten einer Elite, die sich als das "Volk" sieht, von dem die Macht, die Staats-GEWALT ausgeht. Manche dürfen nicht "gleicher" als andere sein (dazu lese man gerne "Animal Farm"). Wie es derzeit läuft, darf es teils nicht weiter gehen. Die Realität verwandelt sich in Riichtung auf eine Dystopie, das ist eine negative Utopie. Lieber mal über meine Vorschläge nachdenken.

11. "Victim-blaming" ist nur bei Unrecht zu verhindern, nicht wenn eine Schuld nachweisbar ist. Dummerweise sind viele Opfer der letzten Jahrtausende allein durch Unmündigkeit ihrerseits zu TäterInnen geworden. Einer Unmündigkeit, die sie nicht immer ganz verschuldet haben. Hier ist eine TäterInnen-Suche oder gar eine Verurteilung kritisch zu betrachten. Bestimmte Sichtweisen, die nicht funktionieren, aber das klare Denken behindern, zu sanktionieren und unterdrücken oder, im Gegenteil gut zu heißen, kann eine Lösung verhindern. Manche Leute profitieren von den ungelösten Fällen, den Konflikten, der Dummheit. Schaut mal bei denen und den fake-Antworten, vielleicht ist da eine Erklärung!?! Krankheiten im Sozialen: Armut, Traumata, Krieg… werden vielleicht nicht endgültig behandelt, weil die Behandlung Gewinn bringt, zumindest manchen.

12. Im Bereich Sprache gibt es so viele Lügen.
Die erste Lüge ist: Du kannst nichts ändern. Wenn man deswegen aufgibt, erfüllt es sich als "Prophezeiung" im Moment.
Die zweite Lüge ist: Es kann nicht die eine Gerechtigkeit für alle geben. (das ist eine Lüge, denn: Gerechtigkeit ist DIE Basis für einen funktionierenden Staat. Sie garantiert Würde, Gleichheit im Sinne gleicher Rechte und Pflichten, soweit das dann Gerecht ist, maximaler Freiheit,…, erst Unrecht schafft dysfunktionale Staaten, Gerechtigkeit ist von "Richtigkeit" abzuleiten, von "richtig" funktionieren.)
Die dritte Lüge: Wenn alle ihre Pflicht tun und sich fit halten, ist das ein energiereicher Zustand und damit eher ein instabiler.
Die vierte Lüge: Es gibt nicht die eine Wahrheit.

13. Uns werden, vor Allem mit Sprache, Träume verkauft. Wir
werden für DUMM verkauft, uns werden Märchen erzählt, wir
haben Beziehungs-Geschichten, Sprache ist so machtvoll. Seit
langem sind nicht nur die Klugen privilegiert. Nein-, die
Gebildeten überflügeln, selbst wenn sie nur das gute
Gedächtnis und mäßigen Intellekt besitzen, die weitaus meisten
Intelligenten. Doch so ist und bleibt die Basis der Urteile und
Handlungen unverändert. Das heißt, bis eine Lösung für die
mannigfaltigen Teufelskreise da ist/war, bleibt/blieb alles beim
Alten. Sprache bereitet uns und sich selbst auf Neues vor,
jedoch ist ein Neustart nicht das, was die Eliten wollen. Sie
streben nach ihren Privilegien, Wandel wird nur zugelassen,
wenn die Elite es auch dann "Besser" hat. Genau DAS ist
jedoch, in meinem System, nicht auf so unfaire Weise drin.

14. Zu jedem Thema, welches in einem System des "divide et
impera" geschildert wird, gibt es zu vielen Aspekten
mindestens zwei Perspektiven. Diese liegen, mittlerweile auch
häufig, in der jeweiligen Buchform vor. Man muss dann bloß
beide Seiten studieren. "Die Weisheit der Vielen" von James
Surowiecki und Gustave LeBons "Psychologie der Massen"
wären ein Vorschlag. "Politisches Framing" von Elisabeth
Wehling und "Das Framing der Linken" von Holger Schmitt
stellt einen weiteren Ansatz dar. Für die Beispiele gilt: Man
kann die Methoden der AutorInnen kennenlernen, die mal
qualitativ, mal quantitativ vorgehen. Zudem wird es möglich,
innerhalb der Extreme der Meinungen die für eine spezifische
Situation gültige zu bestimmen, die normalerweise zwischen
den besagten Extremen liegen dürfte. Sich DIES anzueignen

tut, für zukünftige Entwicklungen Not, denn die Bestimmung der Zustände der Realität wird erschwert sein. K.I. macht das Unterscheiden von "fake" und "fact" zunehmend zu einer Herausforderung und Wahrheitsfindung wird von der annäherbaren Möglichkeit zur zweifelhaften Möglichkeit.

15. Nutzt die notwendigen und möglichen Mittel: Wir Menschen haben aus Not immer wieder eine Tugend machen gelernt. Giftige Pflanzen wurden zu Nahrung, die Halluzinationen oder andere psychische oder physische Reaktionen hervorrufen UND in den Gebrauch als Medikamente mündeten sowie zu Ideen beitrugen. Immer hat sich daraus auch ein Kreis von Opfern dieses Umgangs ergeben. Auslese der fitten, auch hier. Interessant ist, die fehlende Notwendigkeit von einer großen Zahl dieser Opfer. Manche werden aus Dummheit, Faulheit, Egoismus,… von anderer oder eigener Seite, hervorgerufen. Das ist dann natürlich eine Verschwendung und mindestens tragisch.

16. Waffen, auch intellektuelle, können missbraucht und von Feinden genutzt werden. Sie verschaffen eine Aura der Autorität, mittels Machtgefühl oder Machtbewusstsein auf der einen und (sichtbarer) Ohnmacht auf der anderen Seite. Dies ist bereits eine Einflussnahme, da man sich dem auch eher unterordnet, selbst wenn die Autorität nur Schein ist und dahinter Unrecht steht. Waffenbesitz der einen oder anderen Art sind daher an Bedingungen zu knüpfen und das Privileg permanent zu hinterfragen/zu prüfen.

17. Eine Gesellschaft, in der alle maximale Rechte haben, nur durch die Rechte des Gegenübers begrenzt wäre interessant. Bedingung ist Gerechtigkeit, die immer wieder neu auszuhandeln ist. Gewalt sollte möglich aber auch vernünftig limitiert sein. So eine Gesellschaft erfordert Mündigkeit und die Daten, um die Mündigkeit nutzen zu können. Daten sollten für jedeN verfügbar sein, der/die dazu berechtigt ist oder, wenn ein Notfall eintritt. Die Gesellschaft würde Kindern Rechte der Selbstbestimmung gewähren, sobald sie ihre Reife nachweisen, vorher haben die Eltern Rechte, die Kinder zu beobachten oder gar einzuschränken. Die Rechte der Eltern schwinden mit wachsender Reife der Kinder. So eine Gesellschaft kann Menschen besser mit allem Nötigen versorgen, gerade, wenn alle Bereiche von smarten Systemen, auch K.I. durchdrungen sind. Auch K.I. hat Rechte und Pflichten, im Zusammenspiel mit Menschen entwickelt sich etwas, das über jeden einzelnen Part reichen kann. Die Ressourcen können so bestmögliche Nutzung erfahren. DAS wäre "Demokratie", wobei K.I. stark durch mannigfaltige Sicherheitsvorkehrungen gebändigt oder zumindest kontrolliert, geprüft werden muss.

18. Und in alle dem ist ein möglicher Ausweg, selbst SchöpferIn zu werden. ProdUserIn. NutzerIn UND MacherIn.

Das Urteil/Fazit

Erklären manche (Kino-) VerbrecherInnen und Terrororganisationen ihre Absichten, um die "Guten", die nicht immer so gut sind, zum Umdenken zu bringen? Wollen die "Bösen" vielleicht nicht immer wirklich das Angedrohte umsetzen?!

Halten wir aus Gewohnheit und Faulheit und mangelnder Flexibilität an schädlichen und dummen Verhaltensmustern fest? Sind wir gerne als Mensch den anderen Menschen ein Feind und halten zu MittäterInnen, weil wir so unsere Vorteile eher erreichen zu können glauben? Denken wir nur deswegen, dass wir Eliten brauchen, weil sie in einer Konkurrenz der Systeme, bis hin zum Krieg, die Handlungsfähigkeit erhöhen. Es wäre ja auch in einem kriegerischen Konflikt hinderlich, wenn alles ausdiskutiert werden müsste und jeder als vollwertiger Mensch respektiert werden müsste!?!?!?

Das derzeitige Modell vieler Staaten samt ihrer Verfassung und ihrem Umgang mit Lebewesen, ähnelt nicht zufällig der Krebserkrankung, gerade in den Industriestaaten. Heilung ist und wird durch Verstehen immer greifbarer. Wir können koexistieren! Mehr und kleine Staaten wären in vielerlei Hinsicht gut. Oder? :) (Beginnt mal mit selber denken.)

87

Der größte Sinn liegt, derzeit noch, in der Sinneserfahrung. Vorzugsweise in einer guten, die gerechtfertigt ist. Denken tun wir, zumeist, aus Zweifel. Nur, wenn alles in einer Ordnung scheint, empfinden wir vollwertiger. Drogen können das mindern oder intensivieren, wobei das zweite auch Kraft aus unseren Reserven ziehen kann, die später gebraucht werden könnte, dann aber eventuell fehlt.

Schuld ist etwas, das ich selbstverständlich verspüren kann. Ich habe es lange Zeit getan, bis die in diesem Buch geschilderten Mechanismen deutlich zu werden begannen. Wenn man zu sehen beginnt, dass HeldInnen oft TäterInnen sind. Es, vielleicht bis auf wenige Ausnahmen, quasi keinen Staat mit weißer Weste gibt, keine Religion, keine Institution,… alle spielen Rollen. Und das schlimme ist: Sehr viele meinen es gut oder reden sich das ein. UND: Menschen glauben es, wenn man ihnen Schuldige präsentiert. Früher wurde gehängt, geköpft,… da sind wir etwas weiter. Das Mittel der Wahl sind öffentliche Ächtung, Sanktionen, Denk- und Meinungsverbote. Doppelte Moral, gerade die Medien prangern bei GegnerInnen an, was sie auf ähnliche Weise auch machen. Die Hilflosigkeit aber auch das MitläuferInnentum aller Beteiligten sind Zeichen des Mangels an anderen Mitteln. Ich bin da sicher keine 100%ige Ausnahme, doch das liegt zu großen Teilen nicht an mir allein. Ich will mich bessern, in eine sinnvolle Richtung, noch mehr als bisher.

88

Und das "Sahnehäubchen aus Hafermilch": Dazu machen die Menschlein eine ernste Miene, und glauben daran, bemüht im Wunsch: "Es fällt keinem auf, wenn die Giftspritzen bei einer Hinrichtung, zum plötzlichen Tod eines Menschen führen, der einmal Baby, Kind und JugendlicheR war. Und so an Superhelden, die Polizei,… glaubte. Doch sie waren nie da, wenn die Not groß wurde. Es sind viele Szenarien denkbar, denn die Gesellschaft, das soziale Netz hat viele Lücken wenn man nicht darin kleben will, als Fraß der SpinnerInnen. Das gesamte Spiel ist immer wieder mal "schlecht" einfache Leute würden "böse" sagen.

Was können Einzelne tun?
Antwort: Beispielsweise
-Sich selbst eine Rolle gestalten lernen und das üben. Nicht in ein krankes System eingepasst werden und TäterIn bleiben, auch nicht, wenn Gesetzes-Recht es so duldet.
-Fehlverhalten im Nachhinein ahnden. Nicht erst, wenn es nach einem neuen Gesetz beibehalten wurde.
-Daten zu Theoremen formen und diese in Simulationen erproben.
-Die Freiheiten der Gesellschaft sind smart zu nutzen und zu erproben.
-Macht euch bewusst, dass euch andere neidisch machen können, mit Können, Besitz, ihrer Fassade,… das darf euch nicht verleiten, allzu große Risiken ein zu gehen.

Mancher Konsum ist gefährlich, WENN ihr das erlernen, erwerben,… wollt, bereitet euch gut vor. Beispielsweise in Simulationen und Feldversuchen.
-Die Natur und die Kultur nutzen auf ihre Weise, das was sie tun, um uns immer ein bisschen zu überfordern. So soll Unsinn vermieden werden und das Maximum generiert werden. Dazu kommt, wieder mal: Auslese.
-…

Dass es in der Politik um Personen und Parteien geht und nicht um Inhalte, ist so fatal. Wenn ihr aus den Fehlern anderer nicht lernt, weil ihr Fehler vermeiden wollt und deswegen von fehlerfreien Leuten lernen wollt,… lernt ihr nur das, was sowieso klar sein dürfte. Smart geht anders. Inhalte sind, wenn sie richtig aufbereitet werden lange Zeit und immer wieder gültig. Personen können trügerischer sein, auch wenn man vielen recht weitgehend trauen kann.

Die ganzen "wieso lässt "Gott" das zu?" und "wieso macht "Gott" das?"- Fragen klären sich, wenn man davon ausgeht, dass da nichts ist, außer einer selten auch mal vorteilhaften Idee. Wenn die Gesellschaft euch Glauben einredet, haltet ihr das ,unschuldig wie ihr vielleicht seid, für wahr. Wenn dann aber Probleme auftauchen, weil jemand nicht glaubt, sondern weiß, dass ihr falsch programmiert seid und euer Glaube der Person, durch euer Verhalten, Probleme macht, werden Unschuldige zu

TäterInnen. Solche Systeme, Gesellschaften, Gemeinschaften,… erzeugen manchmal Opfer auf allen Seiten und bestrafen sie teils dann noch. Beten die GläubigInnen, in den mit Steuern und Spenden finanzierten Kirchengebäuden für die Hungernden und Bedrohten, die mit genau dem Geld versorgt werden könnten, das die Kirchen kosten?

Alles hier Erwähnte läuft auf einen Satz von Aleister Crowley hinaus, mit der Ergänzung von Michael Ende: "Tu was Du willst ist das einzige Gesetz" und Michael Ende fügte hinzu: "Finde vorher heraus, was Du willst." Das wird von Kritikern in Satanismus oder ähnlich dubiosen oder dubios wirkenden Gruppierungen verortet, was ich überwiegend für falsch und "toxisch" halte.

Viele Probleme werden nicht endgültig gelöst, damit man Instrumente der Kontrolle bewahrt und im Umgang mit spezifischen Themen und Realitäten Übung hat. Dies bietet teils Ansätze für den Umgang mit anderen, auch neuen Situationen. "Toxisch" empfundenes kann gar manchmal heilsam sein. Medizin ist manchmal bitter.

© 2023, Jürgen S.
Herstellung und Verlag: BoD – Books on Demand, Norderstedt
ISBN: 9783756812592

FSC
www.fsc.org
MIX
Papier aus ver-
antwortungsvollen
Quellen
Paper from
responsible sources
FSC® C105338